丈夫でよい子を産む

図解 タイミング妊娠法

市川茂孝 著

農文協

はじめに

タイミング妊娠法とは、新鮮な卵子と元気いっぱいの精子を受精させるために、タイミングをはかって性交し妊娠にむすびつけようとする方法です。

近年の研究によると、１カ月間夫婦生活をつづけるとなんと約85％の女性が妊娠（受精）することがわかっています。しかし、すくすく育って出産までたどり着く受精卵はそのうちの3分の１強。残りの受精卵は、お母さんが妊娠と気づく前にほとんど死んでしまいます。その原因は、卵子と精子の老化による受精卵の異常です。もしも卵子と精子が新鮮で元気な状態で出会ったなら、無事に元気な赤ちゃんとして生まれてきたはずです。

日本で現在、不妊に悩む夫婦は10組に１組といわれます。健康な夫婦でも性交のタイミングがズレていれば、なかなか妊娠しません。不妊に悩む前に、まずこのタイミング妊娠法を実行してみていただきたいと思います。また、不妊でなくても、健康な赤ちゃんを望むご夫婦にもおすすめです。元気な卵子と精子が受精することから、先天異常のある子の生まれる確率が低くなり、健康で脳の働きが活発な子の生まれる可能性が高くなります。

本書は、１９９１年に刊行し好評を得た『タイミング妊娠法』を改訂し、より理解しやすいように図解版としてまとめたものです。①健康な卵子と精子がつくられるように留意すること、②健康な卵子と精子が老化しないうちに受精するよう性交のタイミングをはかること、③妊娠したら胎児をよい母胎環境で育てることを、わかりやすい図入りで説明しています。本書が、不妊で悩むご夫婦や、健康な子どもを産みたいと願うご夫婦の一助になることを、願ってやみません。なお、タイミング妊娠法についてさらに詳しく知りたい方は、『新版タイミング妊娠法』もあわせてお読みいただければ幸いです。

２００５年2月

著者　市川茂孝

CONTENTS

装丁・本文デザイン／
㈱アド・クレール 石阪 純子
細密画／カワモト ミツル
カット／玉城 あかね

Chapter 1

タイミング妊娠法のススメ

排卵日直前に性交する動物はなんと85％以上の確率で妊娠・出産します。
妊娠をなりゆきまかせにする人間はたったの25％。
性交のタイミングを排卵日に合わせて、
妊娠する確率をぐんと高める――これがタイミング妊娠法です。
なかなか子宝に恵まれないと悩んで産婦人科を受診する前に、
まずタイミング妊娠法を試してみましょう。

section 1-1

人間の妊娠率が低いワケ

本人も気づかない〝オカルト妊娠〟

既婚女性の8割が気づかない間に妊娠している!?

規則正しく月経を迎えている女性が1カ月間避妊をしないで夫婦生活をつづけたとき、じつに約84%が妊娠（受精）する——といったら、みなさん驚かれるでしょう。

早期妊娠診断法（13ページ欄外）などで妊娠を調査した報告から算出すると、１００人の女性が夫婦生活をつづけたとき、そのうちの84人が受精します。ところが7日後に受精卵が着床しているのは67人で、受精卵84個のうち17個、すなわち20%は着床前に死んでしまいます。妊娠5週まで妊娠がつづく人は38人で、臨床検査で妊娠と診断できる6週まで妊娠がつづく人は30人です。

受精卵の6割は妊娠6週までに淘汰される

受精した84人のうち54人（64%）が医師から妊娠と知らされる前に、受精卵を失っていることがわかります。このように本人が知らないうちに終わる妊娠を「オカルト妊娠」と呼びます。日の目を見ないで消えていく、隠れた妊娠という意味です。

この後妊娠12週ころまでに、さらに3人くらい流産します。この時期の流産は多量の出血があるため、はっきり流産とわかります。一般にいう自然流産です。12週以後分娩までの流産は、わずかです。

臨床研究で明らかになった受精卵の死亡

イギリスのサザンプトン・ジェネラル病院のエドモンズ博士らは、規則正しく月経周期を繰り返している既婚女性延べ１９８人について、妊娠継続状態を感度の高いｈＣＧ検査法によって追跡しました（１９８２年）。

排卵後2週目に受精卵が着床していた女性は全体の60%でしたが、その後予定月経が4日以上遅れた女性は39%で、排卵後6週目ころ臨床検査によって妊娠が確認された女性は26%でした。出産まで妊娠がつづいたのは23%と報告しています。

このほか、さまざまな臨床研究により、本人が気づかない間に受精卵を失ういわゆる「オカルト妊娠」が確認されています。

妊娠率と妊娠が継続する割合（既婚女性100人）

月経周期を規則正しく繰り返している女性が、避妊しないで1カ月間夫婦生活をつづけたときの、妊娠する割合とその後の経過を示している。

（エドモンズ博士ら＜イギリス・1982年＞とR・グレイ博士＜アメリカ・1983年＞の研究結果を参考に筆者が作成）

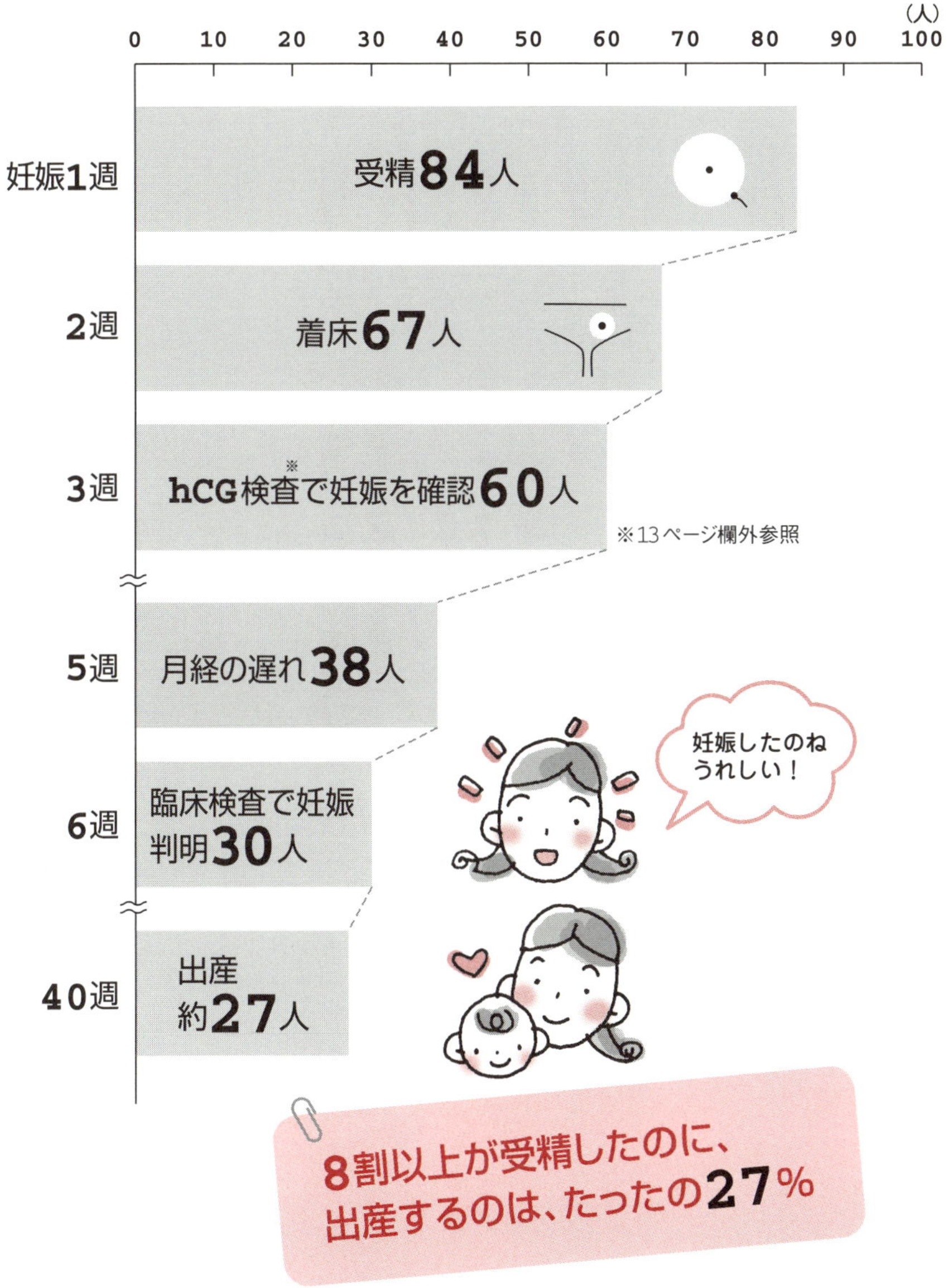

8割以上が受精したのに、出産するのは、たったの27％

section

1-2

人間の妊娠率が低いワケ

性行動の違いが、妊娠率の違いを生む

動物の妊娠率は85%、人間は25%

人間はなぜ本人が妊娠と気づく前に終わる「オカルト妊娠」が多いのでしょうか？　妊娠初期の受精卵の死亡率は、動物の15%以内に対し、人間は65%近くにものぼります。この違いは性行動の違いによって生まれるのです。

牛の場合、メスの性周期は21日で、1性周期間の中ごろに1回だけ発情し、そのときに限ってオスに交尾を許します。発情期間はわずか16時間で、発情期が終わると約11時間後に1個の卵子を排卵します。牛などの動物は交尾から排卵までの間隔が30時間以内と短いため、毎回活力の高い精子が排卵直後の元気な卵子と受精します。その結果、受精卵はほぼすべて正常に発育します。

発情期以外の性交が、妊娠率を低くする

人間は、ご存知のように排卵とは無関係に、時を選ばず性交します。排卵日のかなり前に性交すると、精子は排卵までに老化が進むので、「老化精子」が受精します。また、排卵後時間が経ってから性交すると、精子は元気ですが老化した卵子と受精することになります。「老化精子」や「老化卵子」が受精してできた胚は、正常に発育をつづけられません。その大部分は異常胚で、妊娠初期に胚が死んでしまう「オカルト妊娠」で終わります。仮に生き延びることができたとしても、発育の途中で流産したり、なんらかの障害をもって生まれる可能性が高くなります。

効率的に繁殖する動物たち

人間や牛、豚などは、排卵を周期的に繰り返す（性周期）自然排卵動物です。

それに対し、ネコやウサギは交尾したときだけ排卵する、交尾排卵動物です。交尾すると約12時間後に排卵するため、いつでも元気な精子と卵子が受精します。このように、動物は効率的に繁殖できる機能や性行動をもっているのです。

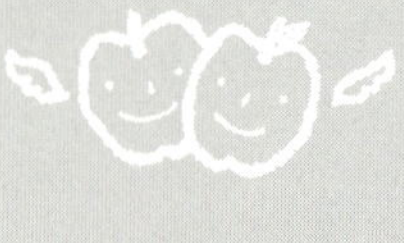

人間と動物の性行動の違いと妊娠率

人間の性交と受精

発情期はとくになく、
排卵日に関係なく性交

↓

受精するまでに精子や卵子が
老化する可能性大

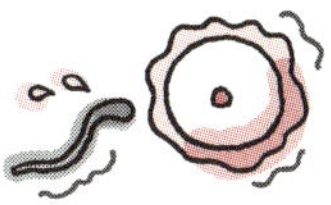

↓

**受精胚は発育をつづけられず
妊娠初期に6.5割の受精胚が
死亡─妊娠出産率約25%**

牛の交尾と受精

16時間の発情期にだけ交尾

↓

発情期終了後、11時間で排卵

↓

交尾から排卵まで30時間以内。
精子も卵子も新鮮で元気！

↓

**受精卵は順調に発育。
妊娠初期の死亡率は1割未満
─妊娠出産率90%以上**

section 2-1

タイミング妊娠法——元気な卵子と精子を出会わせよう

タイミング妊娠法で、妊娠率がアップ

性交は排卵日に合わせる

排卵日前の発情期にだけ性交する動物は、元気な精子と新鮮な卵子が受精するため、妊娠率が85％もの高率になります。わたしたち人間においても排卵日にタイミングを合わせて性交を行うと、妊娠する可能性が高くなります。これが、タイミング妊娠法です。

原因不明の不妊症でもあきらめないで

ほとんどの夫婦は欲情にかられるままに性交し、妊娠はなりゆきまかせにしています。性交時期が排卵日から大きく離れていると、毎回老化精子や老化卵子が受精するような性生活を繰り返すことになり、からだは健康で正常な生殖能力をもちながら、なかなか妊娠しない、または妊娠しても流産してしまう、という残念な結果に終わります。このような不妊は、病院で調べても原因がわからないため、原因不明の不妊症と診断されます。

不妊症を疑ったら、不妊治療に入る前にまずタイミング妊娠法を試してみましょう。2、3回試してそれでも妊娠しない場合は、産婦人科で原因を調べてください。受診の際、タイミング妊娠法のためにつくった月経周期の記録（67ページ）を持っていくと、診断の参考になります。

排卵3日前から排卵1日後までに性交すると妊娠しやすい

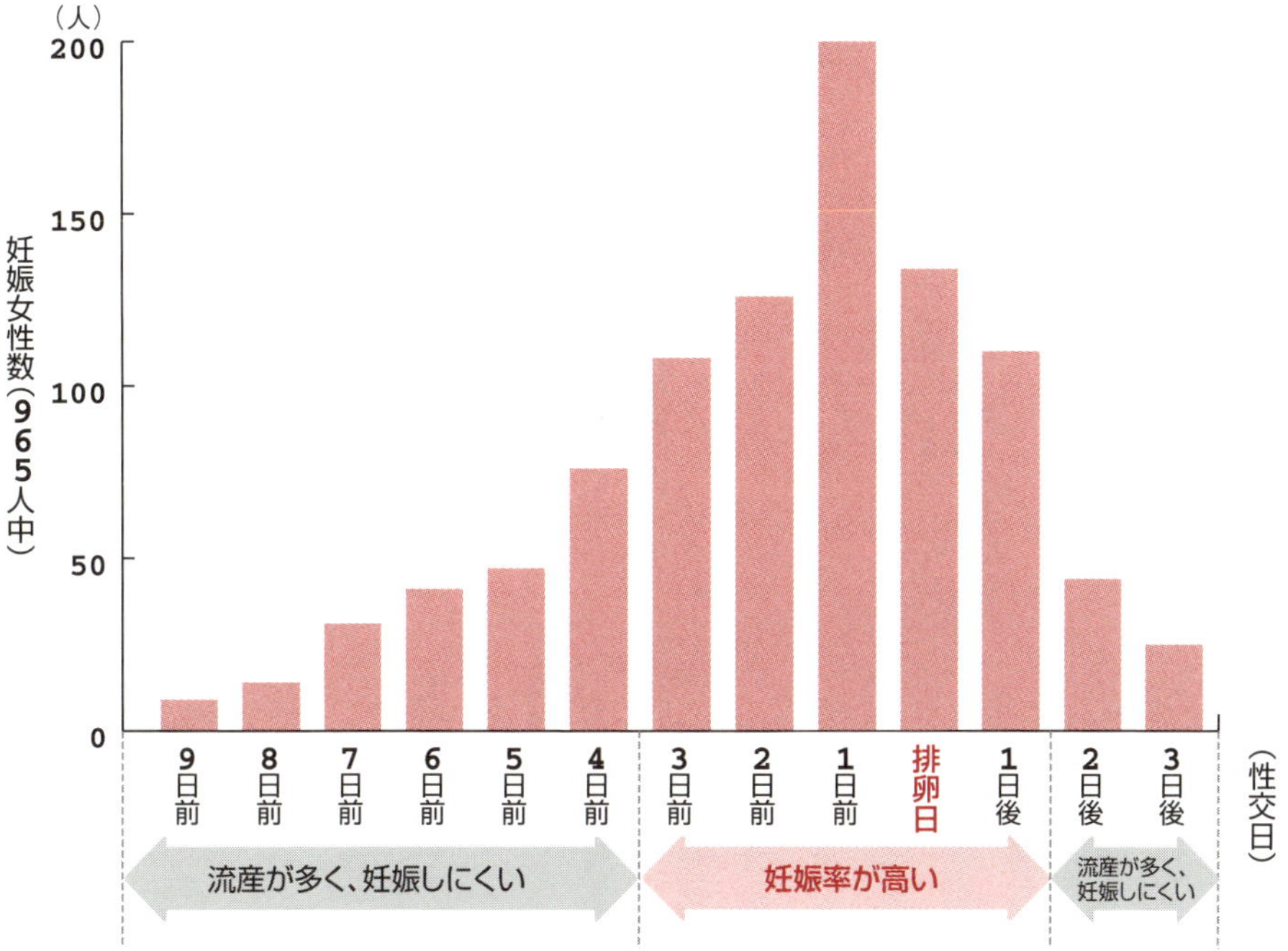

（R. ゲレロ教授とO. I. ロジャス博士＜コロンビア・1975年＞の資料より作図）

ゲレロ教授とロジャス博士は、妊娠女性と流産女性について、妊娠をもたらした性交日を調べた。その結果によれば、排卵3日前から排卵1日後までの5日間に妊娠することが多く、流産は少なかった。なかでも排卵前日性交による妊娠女性が飛びぬけて多かった。排卵日から遠ざかるにつれて、妊娠率は低下し、流産率がアップ。排卵9日前でも9人（0.9%）が妊娠している。このことから、射精された精子は9日間受精能力を維持するが、日が経つにつれ老化が進み、老化した精子と受精した胚では流産が多く、妊娠率が低下することがわかる。

早期妊娠診断法

①早期妊娠因子による方法

1977年にオーストラリアのモルトン博士が、受精すると24時間以内に妊婦の血清中に早期妊娠因子というたんぱく質が現れることを発見しました。この因子を調べることで初期の妊娠が診断できます。

②hCGによる方法

1927年にドイツのアッシュハイム博士とゾンデック博士が、受精卵が子宮壁に着床すると、1～2日後にヒト絨毛性腺刺激ホルモン（hCG）というたんぱく質ホルモンが分泌されることを見つけました。このhCGの有無を調べて着床を確認する方法です。

③胚または胎児の確認

hCGは胚や胎児が死んでいる場合でも分泌されるので誤診の可能性があり、確実な判定には胎児の心臓の拍動や胎動が決め手となります。最近では超音波や経腟プローブなどで妊娠4週から画像で確認できるようになりました。

section

2-2

タイミング妊娠法――元気な卵子と精子を出会わせよう

ミスタイミングで先天異常？

性交回数が多すぎると、精子が減少・未成熟になる

過度な性交とミスタイミングによる性交が、無脳症、脳水腫、二分脊椎裂のある子どもを出産したり、流産の原因になることが報告されています。

アイルランドのレイモンド・クロス博士が、先天異常のある子の出産や流産を1～3回経験した16組の夫婦を対象に1週間の性交回数について調査したところ、9組の夫婦が7回から21回で、性交のタイミングについてはまったく念頭にないことがわかりました（1961年）。

多すぎる性交は当然ミスタイミングにつながりますし、精子の減少や未成熟を招いて先天異常のある子を出産したり、流産する原因になると考えられます。調査対象の16組の夫婦が性生活を改善したところ、全員が健康な子どもを出産しました（次ページ図）。

原因不明の先天異常のある子が生まれやすい

発育がつづけられないほど老化が進んだ受精卵は、妊娠初期のうちにほとんど選別淘汰されます（10ページ）。しかし、この選別機構は完璧ではありません。

R・L・ブレンド博士（アメリカ・1976年）の推定によると、先天異常のある子どものうち、2割は遺伝、1割は染色体異常、7割は多数の悪い要因が重なり合うことによって自然発生する異常（多因子性自然発生異

無脳症

無脳症では、頭蓋骨の上壁と脳の中身がなく、頭蓋骨の底面が表面に現れています。顔が大きく、両肩の間にはまり込んで、首がありません。胎児発生初期に脳水腫が破裂して生じるといわれています。

脳水腫

脳室壁の脈絡叢から分泌した髄液は脳室と脊柱管に充満して中枢神経を保護し、代謝産物を静脈に排出します。この循環系に障害が起こると、多量の髄液が溜まります。この状態を脳水腫といいます。

二分脊椎裂

脊髄は脳と同じく中枢神経系で、脊柱管の中を走っていま

先天異常や流産は、性交の回数やタイミングで防げる

16組の夫婦
Good case
排卵日前は禁欲
男性は精巣の温度が高くならないように注意
排卵日に合わせて性交
bad case
1週間の性交回数は7〜21回とかなり多い
性交のタイミングはまったく考えない
成熟した元気な精子がたくさん精巣でつくられる
排卵直後の新鮮な卵子と、元気な精子がタイミングよく受精
精子が減少したり、未成熟な精子が多くなる
老化した精子と卵子が受精
全員健康な赤ん坊を出産!
16組が出産した子ども36人のうち、無脳症15人、脳水腫1人、二分脊椎裂2人、脳水腫＋二分脊椎裂1人、先天異常4人、流産9人、健康児4人

（レイモンド・クロス博士＜アイルランド・1961年＞の報告）

常）が原因です。

多因子性自然発生異常とは、ブレンド博士が名づけた異常ですが、このうち性交のミスタイミングや過度な性交が原因で生じた異常がかなりの数を占めると推察されます。

す。この脊柱管の全部または一部が先天的に開いたままになったものを二分脊椎裂といいます。

section

2-3

タイミング妊娠法——元気な卵子と精子を出会わせよう

心身ともに丈夫な子を産むために

受精卵に異常があっても自然の力によって修正される

妊娠初期の死亡を免れた老化受精卵は、どうなるのでしょうか。人間には異常を正常に戻そうとする自然の力が備わっています。老化受精卵が原因で起こる不都合の大部分は、この力によって修正され発育をつづけます。ただ、この力は神経系にまでは及ばないことが少なくないため、精神活動に障害のある子が生まれる確率が高いことは事実です。月経周期から排卵日を予測するリズム法は、受胎のためだけでなく、避妊にも使われますが、このリズム法による避妊に失敗してミスタイミングで生まれた子に、無脳症の子や精神障害の子が多いのはこのためです（欄外）。

両親の優れた遺伝子を１００％子どもに伝える

生まれた子が両親から優れた遺伝子を受け継いで、健康で賢い子に育ってくれればいいのでしょうが、これだけは意図してできるものではありません。ただ、タイミング妊娠法によって、遺伝子を最良の状態で子どもに伝え、出生した赤ちゃんの素質を高めることができます。

アメリカ・ミネソタ大学のブチャード博士らの研究で、人間の素質は、育った環境よりも、出生時の素質による度合いが高いことがわかっています。異なった環境で別々に育った一卵性双生児56組についてＩＱ（知能指数）や医学的検査、個性、趣味などの心理的検査

リズム法による避妊法では妊娠することがある

リズム法では、射精された精子は3日間受精能力をもっているとして、排卵期（5日間）の前に3日を加えた計8日間を受胎期（危険期）と定めています。避妊する場合は、この間禁欲するか避妊具を使うかします。

しかし精子は実際には約9日間受精能力を維持しているため（13ページ）、受胎期を避けて不妊期（安全期）に性交したにもかかわらず妊娠したという例は珍しくありません。しかもこうした妊娠では流産が多く、精神障害のある子どもが生まれやすいという調査報告もあります（次ページ図）。

を行ったところ、離れて育った双生児も一緒に育った双生児と同じくらいよく似ていました。この研究からＩＱについては、成人のＩＱの70％が出生時にすでに決まっていることが確認されています。

受精した卵子や精子が老化していなければ、考えたり記憶したりする大脳は環境の影響を受けることなく発達し、赤ちゃんはすくすく育ちます。元気な精子と卵子が受精するために、性交のタイミングは決して軽視できません。

神経質になりすぎず 赤ちゃんがくる日を待とう

心身ともに丈夫な子を産むためには、タイミング妊娠法はたいへん有効です。ただし、神経質になりすぎないように注意しましょう。

生まれてくる子はすべて何億分の1の確率という卵子と精子の出会いから育まれた命です。仮にミスタイミングで障害のある子どもが生まれてきたとしても、胎内において不利な条件に耐え、たくさんの難関を乗り越えて産声をあげた命です。助け合って生きる喜びを分かち合いたいものです。

●精神障害児をもつ35組の夫婦の出産記録

	妊娠総数	正常妊娠	自然流産	先天異常の子を出産
リズム法に失敗して妊娠	59（100）	18（30）	8（14）	33（56）
計画妊娠	100（100）	74（74）	14（14）	12（12）

（　）内は%。

（P.H.ジョンブレット博士　オランダ・1969年）

●リズム法の「不妊期」でも妊娠の可能性がある

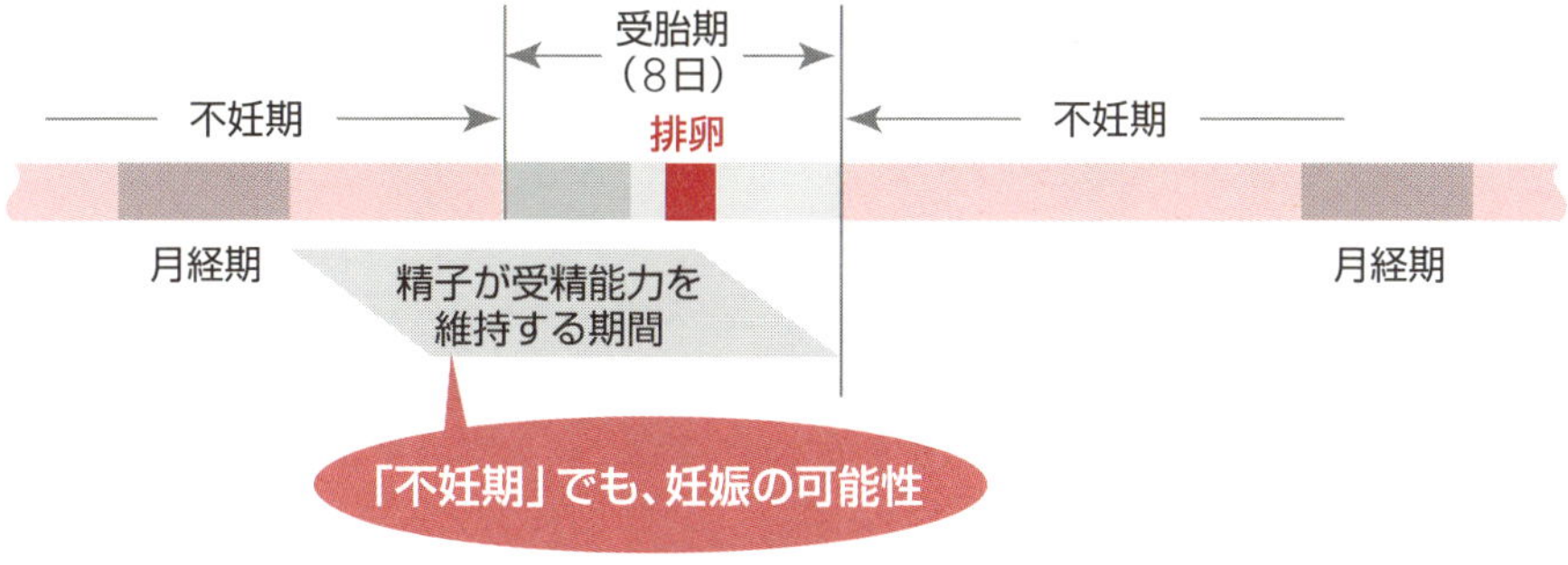

精子は約9日間、受精能力を維持しているので、
リズム法でいわれる「不妊期」に性交しても、妊娠することがある。

Column

ユダヤ人に伝わる
タイミング妊娠法〝ニッダー〟

ユダヤ人の行動聖典である『タルムド』にニッダーと呼ばれる次のような戒律があります。「月経中と月経後の7日間は禁欲する。そして7日目の夜ミクベという儀式的な沐浴を行って身を清める。そうした後で、夫婦生活をはじめる」。この禁欲の解禁日は、ちょうど排卵の前日か前々日に当たります。つまり、タイミング妊娠法でいう新鮮な卵子と新鮮な精子が受精できる絶好のタイミング日なのです（13ページ）。

アメリカ・ハーバード大学のナガン博士とマクマホン教授は、ニッダーが生まれてくる子どもの素質向上に役立っていることを明らかにしました（1967年）。彼らは出生した子どもと、妊娠20週以後に流産や死産した胎児の合計31万人あまりについて、親の宗教別に中枢神経に先天異常のある子（無脳症と脊椎裂）の出生率を調べました。それによると無脳症と脊椎裂のある子の出生率はユダヤ教徒が0.77、カトリック教徒が2.79で、カトリックはユダヤの3.6倍でした。カトリックは人為的な避妊法を認めず、オギノ式のようなリズム法だけを許可しています。リズム法による避妊に失敗して妊娠すると、先天異常のある子どもが生まれやすいことは16ページで紹介した通りです。

キリスト教は同じ旧約聖書の教えから月経中の性交は戒めていたようですが、禁欲期間は月経後の7日間には及んではいませんでした。これは、月経直後が妊娠しやすいというギリシャの医者・ソーラヌスの説が、20世紀初頭まで信じられていたからと考えられます。

宗教によって性行動に違いがあり、その性行動の違いが子どもの出生時の素質を左右する――ナガン博士らの報告から、妊娠するときの性交のタイミングがいかに重要かをうかがい知ることができますね。

Chapter 2

健康な卵子と精子をつくる

新鮮な卵子と、元気で活発な精子とが受精し成長すると、
その子どもは両親から受け継いだ遺伝能力を
十分に発揮できる可能性が高くなります。
受精のタイミングを計ることはもちろん大切ですが、
卵子や精子の質を高めるには何ができるのかを考えてみましょう。

section

1-1

新鮮な卵子をつくるには？

卵子は胎児期からつくられはじめる

妊娠20週ころの卵細胞は700万個

女児の卵巣は妊娠8週ごろにでき上がり、その中で１７００個ほどの卵細胞が分裂を繰り返しています。卵細胞は、妊娠20週ころには約７００万個にも達します。

その後は次第に減っていき、出産のころには１００万個程度、出産後1カ月でさらに50万個ぐらいにまで減少します。

こうしてできた卵細胞の中の卵原細胞は発育して大きな第一卵母細胞に変わります。新生児の卵巣内にある卵原細胞は第一卵母細胞に成長して第一減数分裂を開始し、減数分裂前期の段階に達しています。そしてこのあと思春期まで、卵母細胞は長い冬眠に入ります。

思春期にホルモンの刺激で月経がはじまる

思春期になると月経周期がはじまります。月経周期の中ごろＬＨサージ（54ページ）が起こり、その刺激で第一減数分裂を再開します。1回目である第一減数分裂が終わると、卵子は精子を受け入れることができるようになります。つづいて2回目の減数分裂（第二減数分裂）がはじまりますが、中期まで進んだところで再び休止、この状態で排卵します。

排卵した卵子は卵管に取り込まれ、約3分後に卵管膨大部末端に到達します。そしてここで精子と出会います。

精子が侵入すると卵子は第二減数分裂を再開、受精卵となって育ちはじめるのです。

減数分裂

人間は22対44本の常染色体と2本の性染色体、計46本の染色体をもっています（28ページ）。人間は、女性の卵子と男性の精子とが合体してつくられます。このときの卵子の染色体数は23本、精子の染色体数も23本です。そして受精することで染色体数が46本に復帰するわけです。「減数分裂」とは、卵子や精子がつくられる過程で行われ、染色体数が半分になる特殊な細胞分裂です（32ページ）。

普通の細胞分裂は、1個の細胞が分かれて46本の染色体をもつ2個の細胞になる「体細胞分裂」です。

卵子がつくられる経過と減数分裂

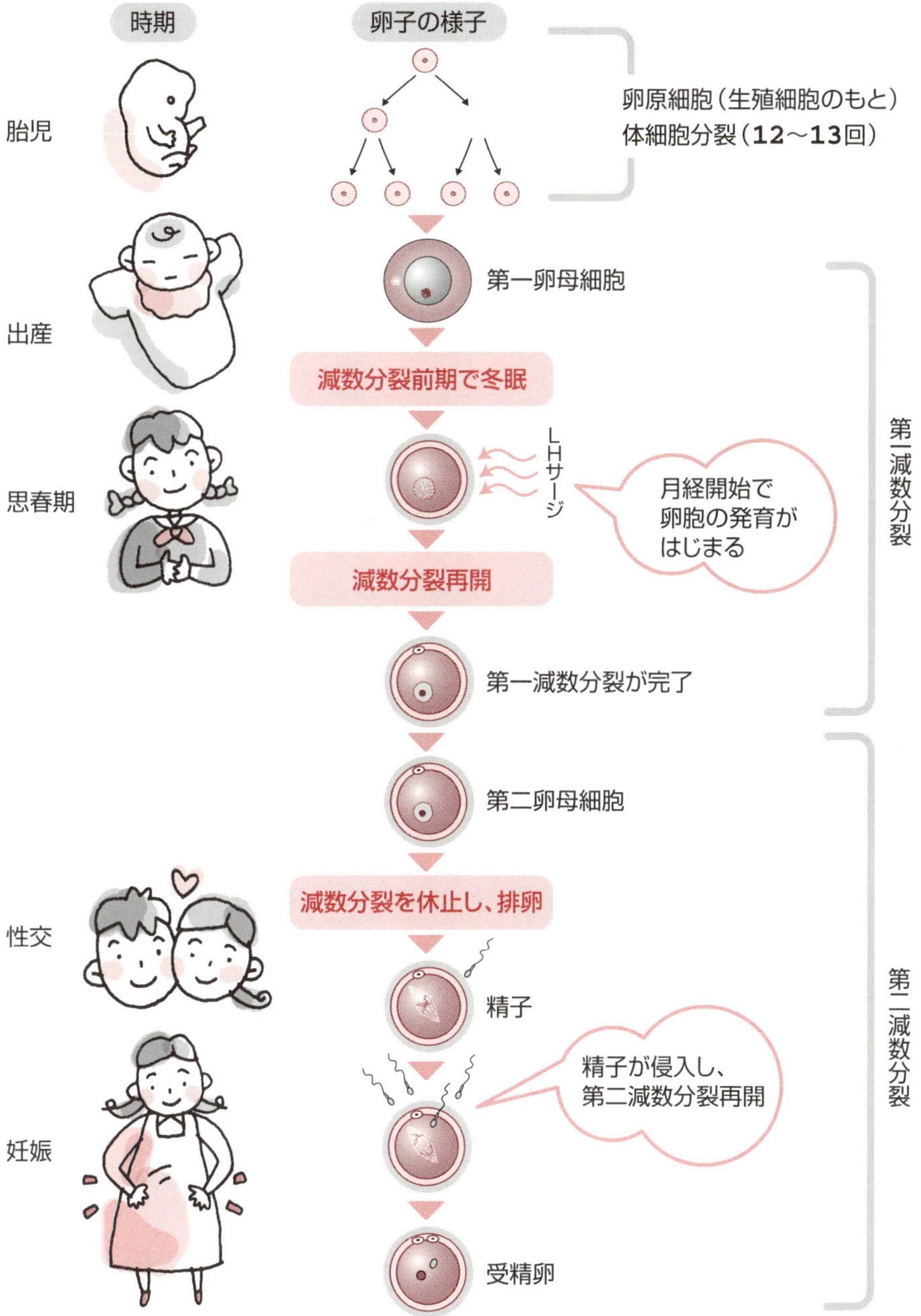

section 1-2

新鮮な卵子をつくるには？

高齢妊娠・低年齢妊娠のリスク

年齢を重ねると子宮の細胞自体が老化する

35歳を過ぎた女性の妊娠では卵子の老化により染色体異常が増えます（35、48ページ）が、そのほかの先天異常も増加します。高齢による母体の変調が原因のひとつです。

高齢になると、子宮の細胞が老化し、ホルモンに対する反応が鈍くなります。受精卵の着床にも十分な反応ができないため着床しにくく、着床しても、子宮の活動が衰えているので、胎児の発育が遅れがちとなります。これらのリスクをいくらかでも少なくするためにも、タイミング妊娠法によって受胎率を高め、一日でも早く妊娠しましょう。

●35歳を過ぎると…

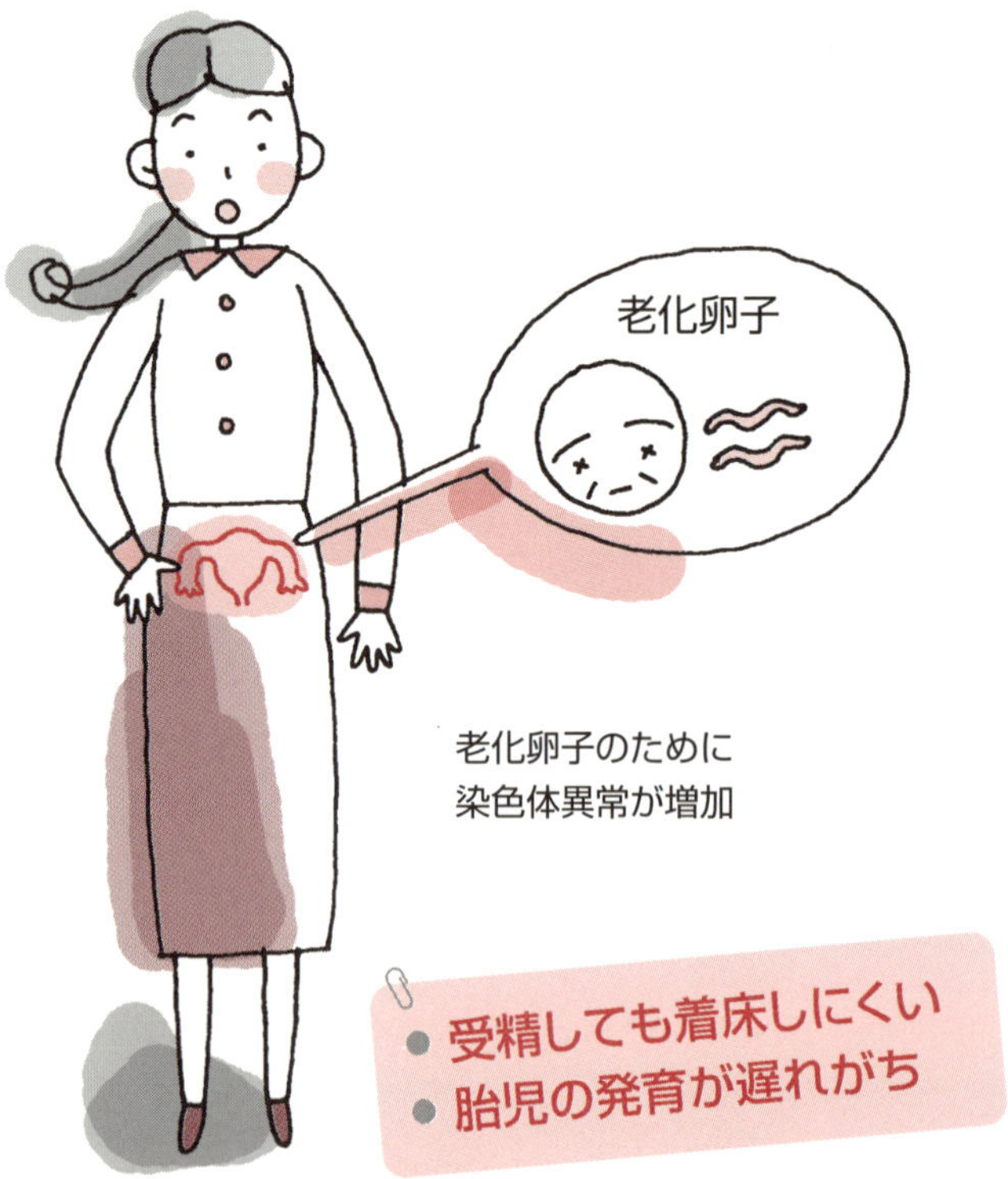
老化卵子
老化卵子のために
染色体異常が増加
● 受精しても着床しにくい
● 胎児の発育が遅れがち

早すぎる妊娠にも危険は伴う

妊娠は若いほどよいというわけではありません。

初潮期の女性のからだは、まだ完全ではありません。ホルモンが規則正しく分泌されるまでには4～5年かかります。それまで月経も排卵も不規則です。排卵が早ければ未成熟の卵子が、遅ければ老化卵子が放出されるわけで、どちらも受精しにくく、しても正常な出産の確率は高くありません。月経周期が正常になるまでは妊娠は避けたほうがよいでしょう。

低年齢だと…

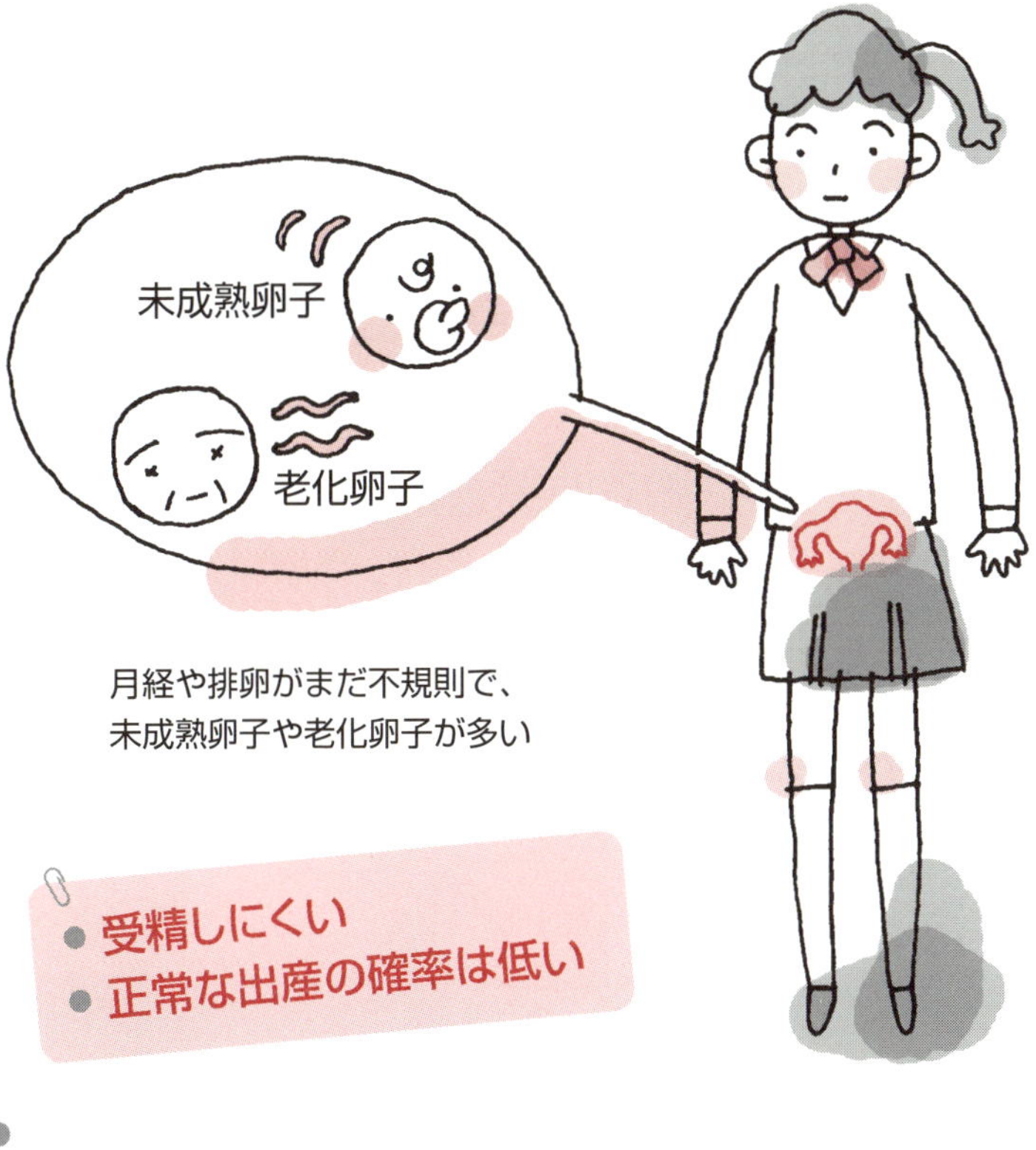

月経や排卵がまだ不規則で、
未成熟卵子や老化卵子が多い

- 受精しにくい
- 正常な出産の確率は低い

section

2-1

元気な精子をつくるには?

過度な性交で精子数は半分以下に減少

精子は昼夜休みなくつくられる

男性の場合は、思春期になってから精子の生産がはじまり、昼夜休みなくつづけられます。精子がつくられるのは精巣の精細管という器官の中です。精細管(1)でつくられた精子は精巣網から精巣輸出管を通って精巣上体に入ります。精子が精細管から離れて精巣上体の尾部(2)に到達するまで10~14日かかり、この間に精子は成熟します。そしてここで蓄えられるとともに、精管(3)と精管膨大部(4)にも蓄えられます。

赤ちゃんは励めば励むほどできにくい

平均精子濃度(精液1ミリリットル当たりの精子数)は6500万ですが、これが4000万(平均正常値の62%)以下になると、妊娠しにくくなります。2000万(平均正常値の31%)以下になると乏精子症と診断されて普通の性交での妊娠は難しくなります。

性交を毎日1回、5日以上つづけると精子濃度は正常値の51%ほどになるので、健康な男性でも妊娠しにくくなります。これを正常値に戻すには3日半禁欲しなければなりません。励めば励むほど、赤ちゃんはできにくくなるのです。また、過度な性交は先天異常のある子を出産する原因になります(14ページ)。

子どもをつくるときの性交では、少なくとも4日前から禁欲して精子数を正常値まで回復しておく必要があります。

●精子はこうしてつくられる

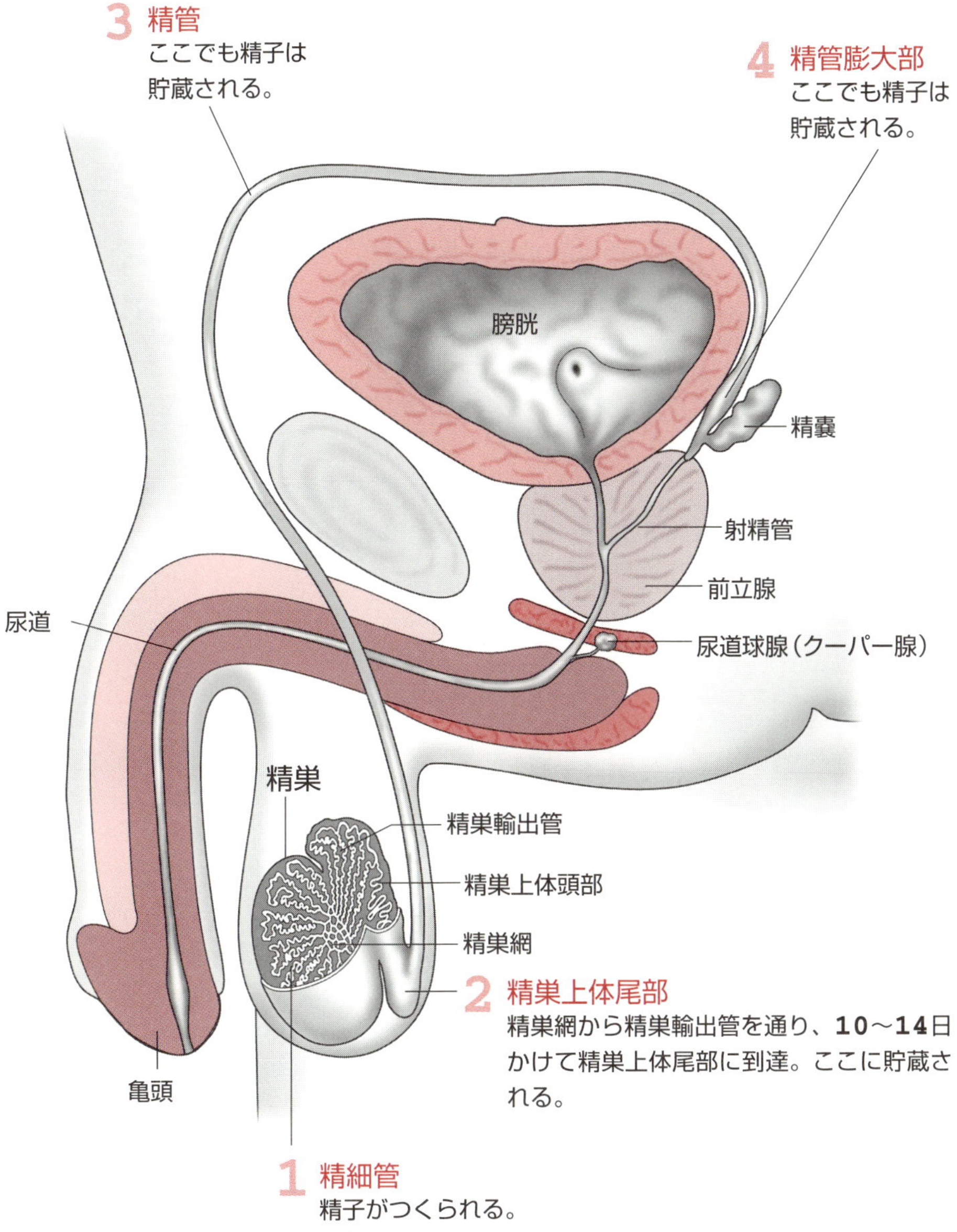

section

2-2

元気な精子をつくるには?

高温、圧迫、感染症に注意

精巣の温度が上がると不妊になりやすい

精子が高温に弱いことはよく知られています。精巣の温度が上がると奇形精子が増え、精子数が減るので不妊になりやすいのです。

人間の精巣は体の外にぶら下がっており、挙睾筋によって腹壁につながっています。

寒いと挙睾筋が収縮して、精巣は腹壁に引き寄せられて温められます。暑いと挙睾筋がゆるんで精巣は垂れ下がり、体壁から離れるとともに陰嚢のしわが伸びて表面積が広がり、熱を放散して温度の上昇を防ぎます。

精巣の温度を低く保つしくみ

また、精巣に入る血液と出る血液による熱交換というしくみがあります。次ページの図のように、精巣から出る静脈は陰嚢の付け根のあたりで蔓のように曲がりくねっていて、精巣に入る動脈と絡み合っています。精巣から出る静脈血の温度は33度くらいですが、ここで動脈と絡み合いながら動脈血の熱を受け取り、37度まで上がって腹腔に戻ります。熱を渡した動脈血は、33度に下がって精巣へと入ります。

このように、二重三重のしくみによって精巣の温度は、体温より4~5度低く保たれています。

精子の質を保つためには長風呂やブリーフを避ける

アメリカのR・J・レヴァイン博士らの調

精巣炎

おたふく風邪(流行性耳下腺炎)発症の約1週間後に精巣の腫れと疼痛の症状が現れます。通常は片側だけですが、両側の精巣の場合は不妊の原因となります。

マラリア

マラリア原虫による感染症です。赤血球の中で増殖し、赤血球を破壊します。

ブルセラ症

皮膚の小さな傷口からブルセラ菌が侵入したり、処理が不十分なミルクやチーズ(とくに羊)を摂取することで感染します。症状は熱、発汗、全身倦怠感など。

査報告（1988年）によると、夏、日中の最高気温が32～33度になるアメリカ南部では男性の総精子数が平均14・5%減少し、運動精子数も16・5%減少するといいます。

タイミング妊娠を計画したなら、長風呂は精巣の温度を上昇させるので禁物です。下着も、ブリーフなど精巣をからだに押しつけるタイプのものはだめ。トランクス型をおすすめします。

精子をつくる力を低下させる感染症に注意

大人になってから、おたふく風邪（流行性耳下腺炎）にかかると、5人に1人くらいの割合で精巣炎が起こります。両側の精巣が侵されると無精子症になり、子どもをつくることが難しくなります。

また、マラリア、結核、ブルセラ症などにかかると栄養やホルモンが不足して精子は生成の途中で死んでしまいます。その結果、精子数が減って一時的に不妊となります。

精巣入り口での熱交換

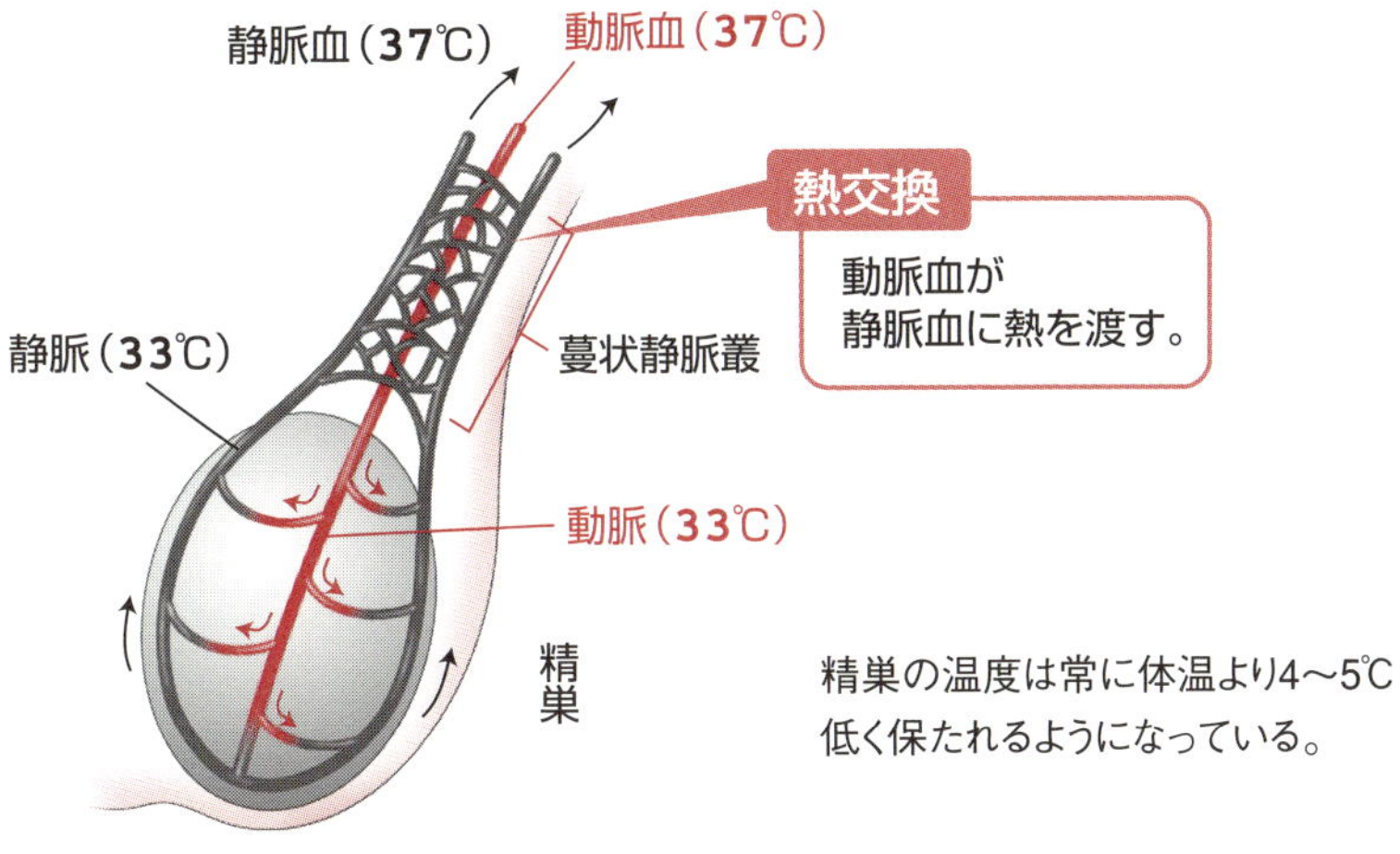

精巣の温度は常に体温より4～5℃
低く保たれるようになっている。

精巣の温度を上げない工夫

section

3-1

染色体異常を防ぐために

遺伝と染色体について知ろう

遺伝と遺伝子とDNA

親のもついろいろな性質や形の特徴が子に伝わることを「遺伝」といい、遺伝をつかさどる因子のことを「遺伝子」といいます。この遺伝により、人間の子が人間として生まれるのです。また、子どもが親に姿かたちが似ているという現象も遺伝によるものです。

DNA（デオキシリボ核酸）は遺伝子の本体で、すべての細胞の中にあります。DNAは2本の鎖がらせん状に絡まった形をしていて、遺伝暗号によって結ばれています。

DNAは細胞核の中の染色体に組み込まれている

細胞の核の中には遺伝子の集合体である染色体と呼ばれるものがあり、遺伝情報をもつDNAは厳密な規則性をもってこの染色体に組み込まれています。細胞はDNAのもつ遺伝情報に従って、それぞれが働いているのです。

人間のからだは約60兆個の細胞からできているといわれていますが、そのすべての中に、最初の受精卵と同じ遺伝情報をもった遺伝子が存在するのです。

染色体のしくみ

染色体の数は種によって異なります（欄外参照）。人間の細胞の中にある染色体の数は46です。これを、形と大きさが同じもの同士を2本1組にしていくと、22組（対）になります。この22対（44本）を常染色体と呼びます。

残った2本は、男女の性を決める性染色体

いろいろな生き物の染色体数

人間	46本
イヌ	78本
ウマ	64本
ウシ	60本
ネコ	38本
トウモロコシ	20本
キュウリ	14本
トマト	48本
イネ	24本

です。女性はX染色体が2本、男性はX染色体とY染色体が1本ずつあります。ですから、性染色体がXXだったら女性になり、XYだったら男性になるということです。

両親から子どもへ伝えられる遺伝情報

親は、対になった2本のうちの1本を子どもに渡します。子どもの側からいえば、46本の染色体のうち半分を母親から、もう半分を父親から受け継いでいるということになります。父親の精子から常染色体22本プラス性染色体XまたはY、母親の卵子から常染色体22本プラス性染色体Xのそれぞれ23本ずつが子どもに引き継がれ、受精卵となったときに再び46本の染色体となるのです。

染色体が親から子へ伝わるしくみ

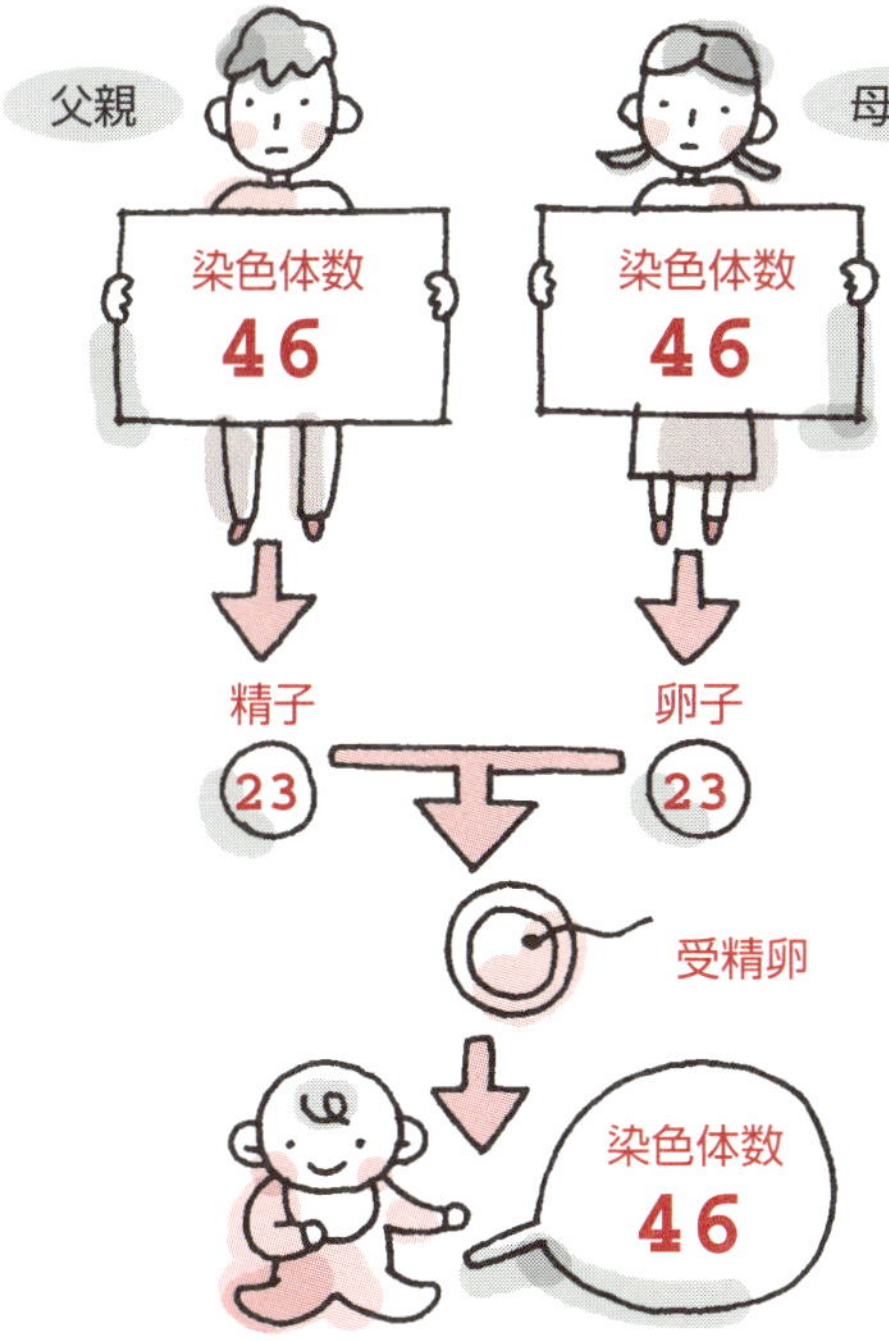

子どもは母親と父親から
それぞれ23本の染色体を受け継ぐ。

染色体とDNAの関係

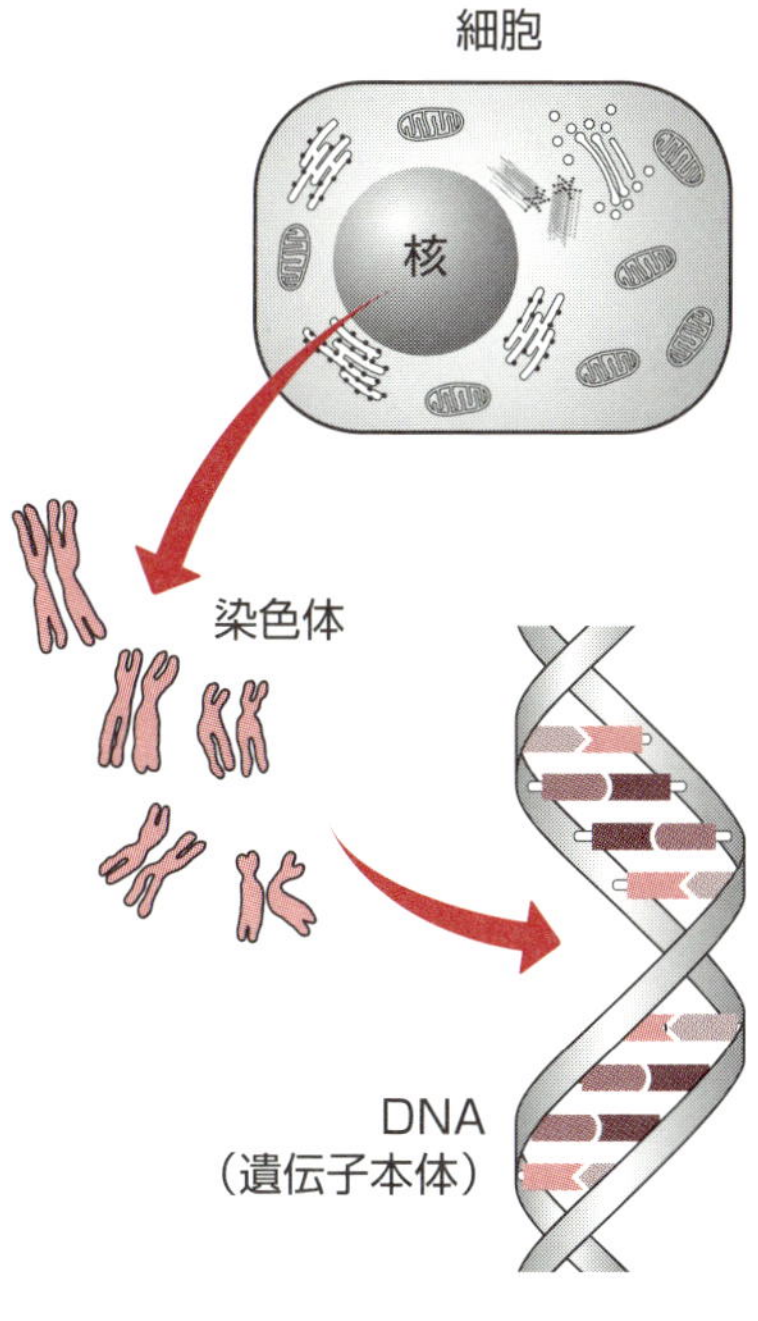

細胞の中の染色体には、最初の受精卵と
同じ遺伝子情報をもつDNAが存在する。

section

3-2

染色体異常を防ぐために

染色体の異常ってなに?

染色体の数の異常

染色体は正常の人の場合、2本ずつ対をなして23対46本(常染色体と呼ばれる男女共通のものが22対、男女で異なる性染色体1対)からなっています。

ダウン症候群という先天異常がありますが、これは染色体の数が正常より1本多いために起こるものです。そのほかに、よく知られるところでは、クラインフェルター症候群、ターナー症候群があります(次ページ欄外)。

ダウン症候群では、21番目の染色体が3本あります。クラインフェルター症候群では性染色体が3本あり(トリゾミー)、ターナー症候群では1本しかありません(モノゾミー)。

正常染色体と染色体異常

正常な染色体(男)

常染色体**22**対と性染色体**1**対、合計**46**本からできている。

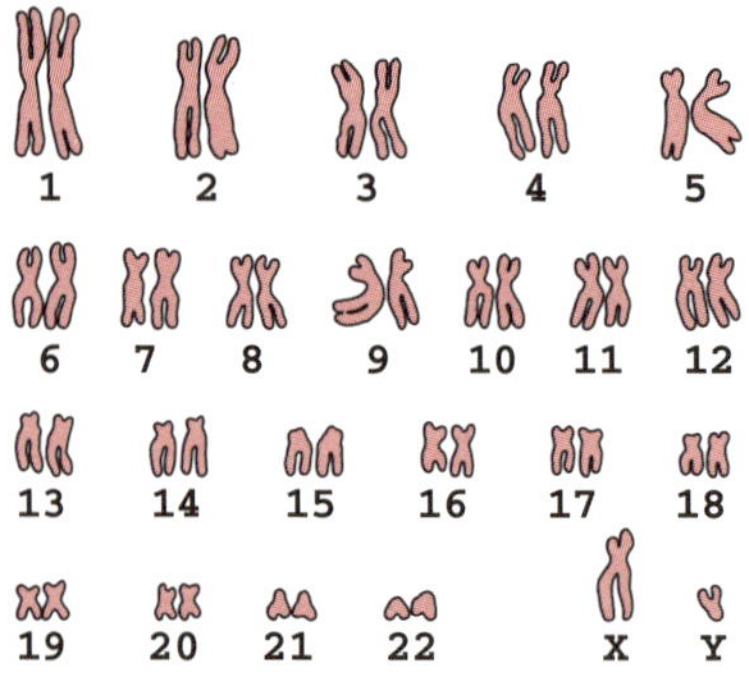

染色体異常

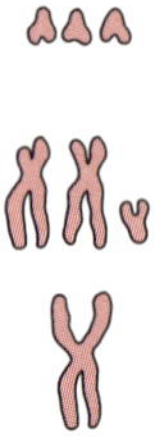

ダウン症候群 — **21**番目の常染色体が**3**本

クラインフェルター症候群 — 性染色体が**XXY**と**3**本

→ トリゾミー

ターナー症候群 — **X**染色体が**1**本 → モノゾミー

染色体の構造の異常

染色体の一部がちぎれて破片が失われたり、位置を変えたり、もとの位置に逆さにくっついたりする異常が生じることがあります。

男性の中には2万人に1人程度の割合で性染色体がXX型の人がいます。この男性には精子がないか、数が少ないため子どもはできません。XX型は「女」になるはずの性染色体です。それがなぜ「男」になってしまうのでしょう。

Y染色体の端には精巣決定遺伝子が存在します。この部分が放射線などで傷つくと、切れて離れ、X染色体や常染色体に付着することがあります。人間ではX染色体に付着することが多く、このような染色体が入ったX精子が正常な卵子と受精するとXX型男児が生まれます。この異常は遺伝しますが、大部分はオカルト妊娠で終わり、発育することはまれです。

染色体異常によるXX型男性の発生過程

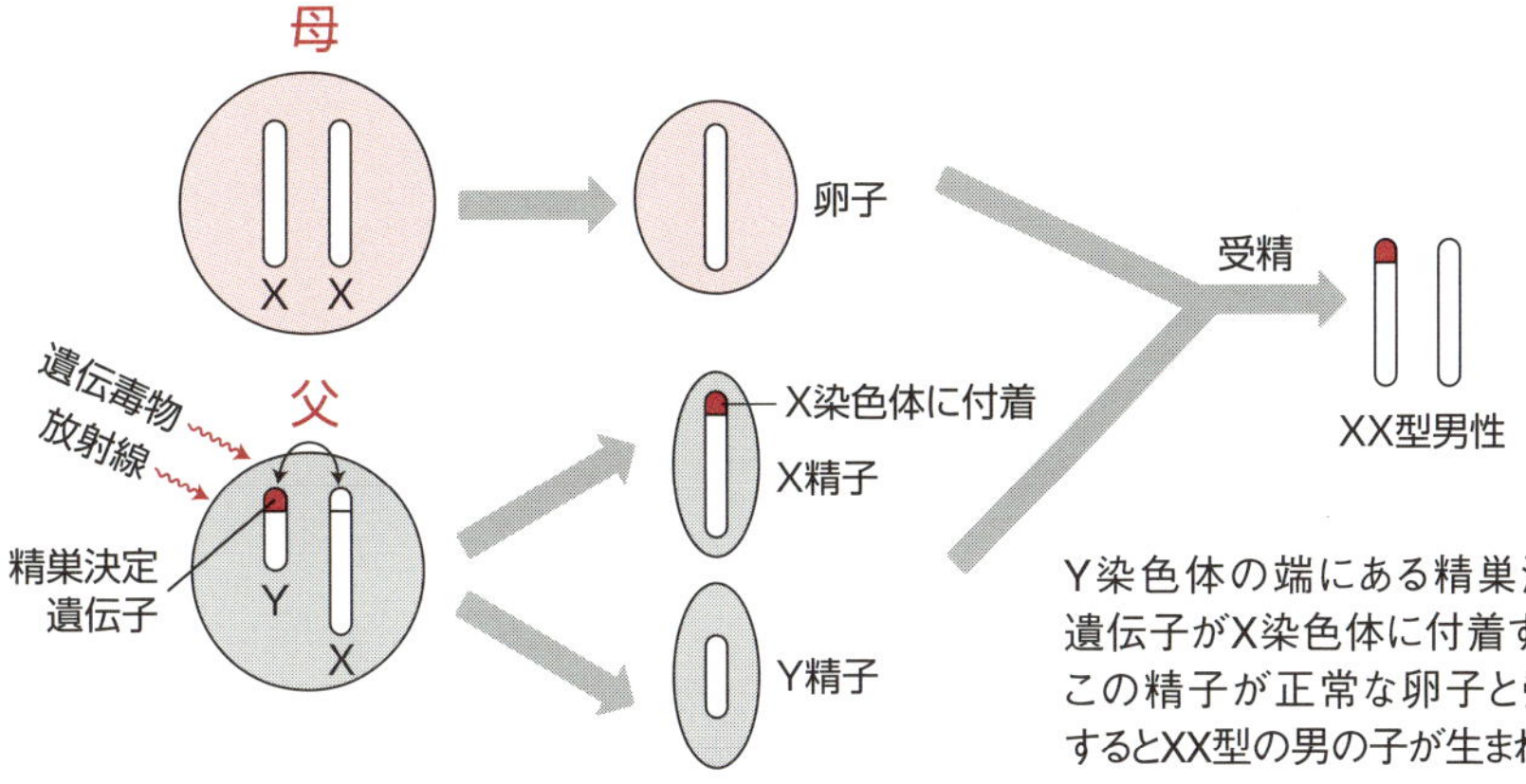

Y染色体の端にある精巣決定遺伝子がX染色体に付着する。この精子が正常な卵子と受精するとXX型の男の子が生まれる。

ダウン症候群

発育や知能に遅れが出る病気です。先天性の心臓奇形があることも多く、そのほかの合併症をあわせもっていることもあります。

クラインフェルター症候群

内外性器は男性型ですが、精巣の発達が悪く精子ができません。多くは思春期になってはじめて気づきます。

ターナー症候群

女性にだけ起こる病気で、性染色体に異常が起こったために生じる先天的な疾患。最も大きな特徴は低身長であることです。二次性徴の遅れがみられることもあります。ホルモンによる治療が施されます。

section

3-3

染色体異常を防ぐために

染色体異常は減数分裂時に起こる

減数分裂ってなに？

減数分裂は、卵子と精子が生産される過程で行われる特殊な細胞分裂で、母細胞が2回連続して行う分裂です（20ページも参照）。

減数分裂では、対になった染色体（相同染色体）が向き合って赤道面に並び、互いにその一部を交換し合います（交叉）。そのあと、相同染色体は紡錘糸という糸に引っ張られて両端に分裂し、染色体が半数の第二母細胞が2個できます。第二母細胞はさらに分裂を行います（第二減数分裂）が、染色体の数は変わりません。

卵子では第一、第二減数分裂でできる2個の細胞のうち、1個は極体となって捨てられるので、卵子は1個しかできません。精子は1個の母細胞から4個できます。

トリゾミー、モノゾミーが起こるしくみ

第一減数分裂のときに1本ずつ両端に分かれるべき相同染色体が分かれないと、相同染色体を2本もつ細胞と、もたない細胞ができます。このようにしてできた精子や卵子が正常な相手と受精すると、トリゾミーやモノゾミーの胚ができます。

モノゾミーは着床できないので、すべてオカルト妊娠で終わります（ターナー症候群は例外）。トリゾミーもほとんどが流産という結果に終わりますが、21番染色体が3本あるトリゾミーは流産を免れ、ダウン症児として生まれることがあります。

減数分裂の流れと染色体異常

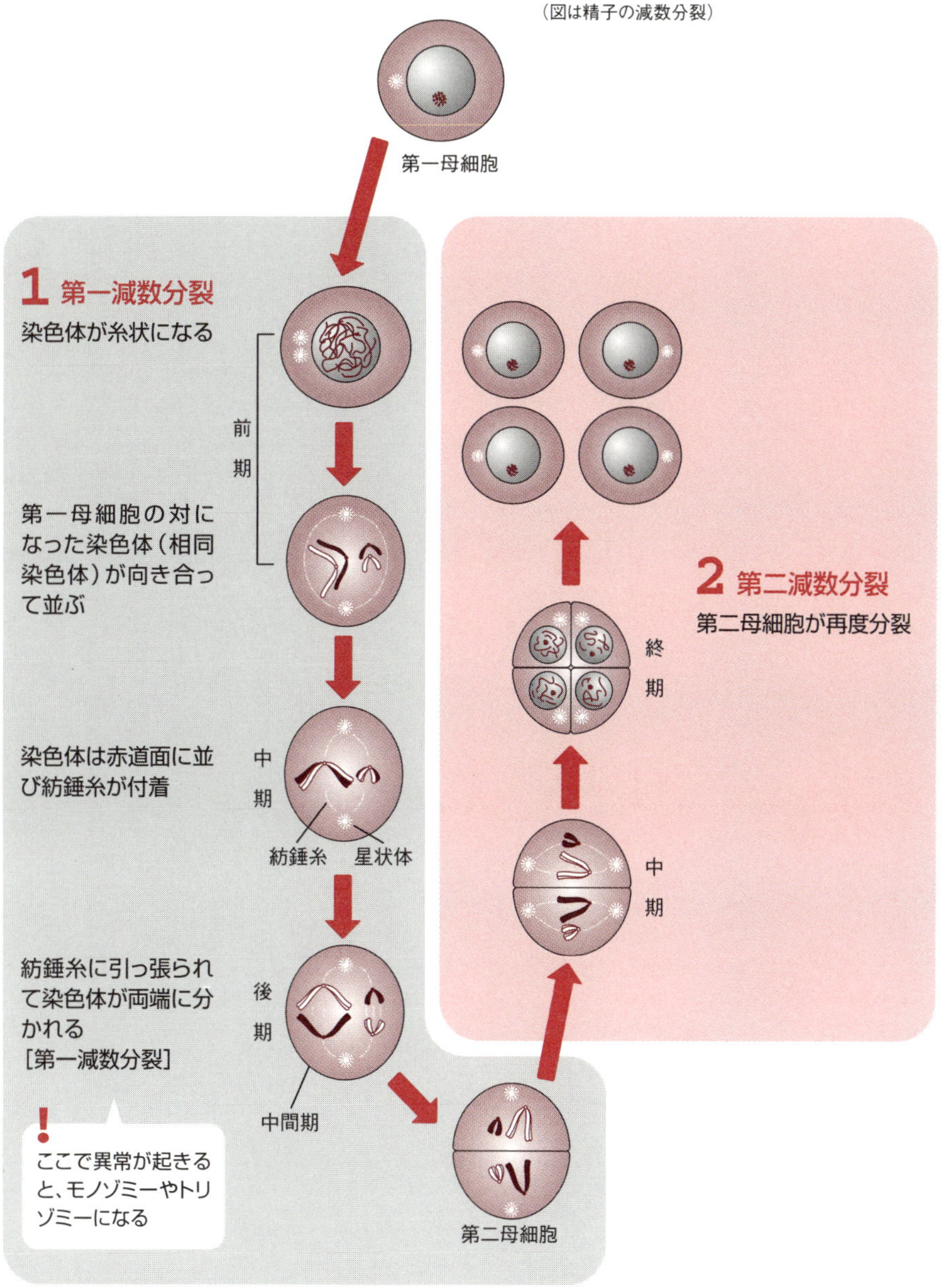
（図は精子の減数分裂）
第一母細胞
1 第一減数分裂
染色体が糸状になる
前期
第一母細胞の対になった染色体（相同染色体）が向き合って並ぶ
染色体は赤道面に並び紡錘糸が付着
中期
紡錘糸
星状体
紡錘糸に引っ張られて染色体が両端に分かれる
［第一減数分裂］
後期
中間期
!
ここで異常が起きると、モノゾミーやトリゾミーになる
第二母細胞
2 第二減数分裂
第二母細胞が再度分裂
中期
終期

三倍体が起こるしくみ

染色体が3本ずつあって合計69本の染色体をもつものを三倍体といいます。三倍体の4分の3以上は父の染色体を1組余分にもっています。これは1個の卵子に2個の精子が入り込んでしまった結果です。

残りの4分の1弱は母の染色体を1組余分にもつ三倍体です。これは排卵した卵子の受精が遅れて、卵子が老化したとき起こりやすいとされています。精子が侵入すると卵子は第二減数分裂を再開し、2組の染色体ができます。正常な卵子では、そのうちの1組が第二極体として卵細胞の外へ放出され、大きいほうの卵子が精子と合体して受精卵となります。しかし、老化卵子ではこれを放出できないで、2組の染色体をもつ卵子となり、これに精子の染色体が合体すると受精卵は三倍体となります。三倍体はほとんどが流産します。

受精時の染色体異常

（図は卵子の減数分裂）

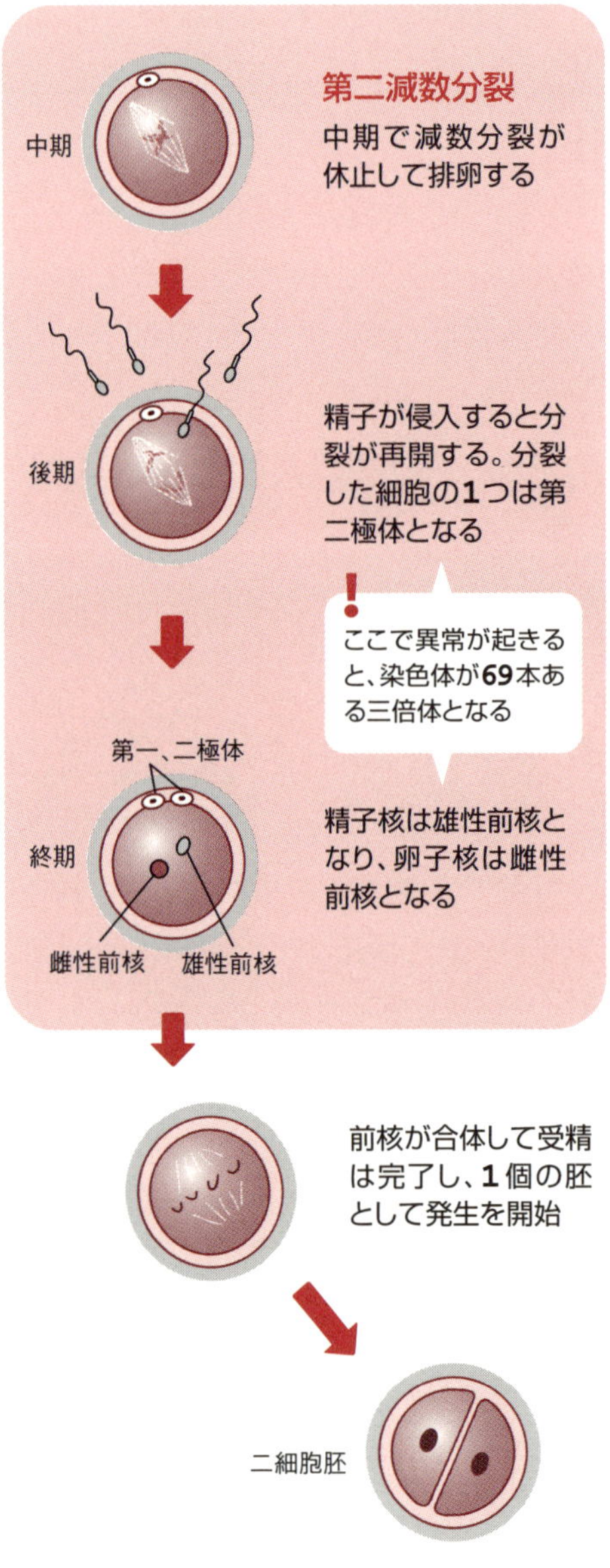

第二減数分裂
中期
中期で減数分裂が休止して排卵する
後期
精子が侵入すると分裂が再開する。分裂した細胞の1つは第二極体となる
！
ここで異常が起きると、染色体が69本ある三倍体となる
第一、二極体
終期
精子核は雄性前核となり、卵子核は雌性前核となる
雌性前核
雄性前核
前核が合体して受精は完了し、1個の胚として発生を開始
二細胞胚

section **3-4**

染色体異常を防ぐために
卵子・精子の老化と飲酒が原因

卵子・精子の老化が染色体の異常を起こす

染色体異常の原因について、卵子・精子の老化とアルコールが指摘されています。

卵子と精子の老化が染色体異常の主な原因であることを最初に気づかせたのは、高齢出産にダウン症児の出産率が高いという調査報告でした。女性が35歳を過ぎて妊娠すると流産率が急に高くなり、しかも、流産胎児に染色体異常が増えるのです。これと並行してダウン症児の出産率も高くなります。統計によると、母親の年齢が上がるに従ってダウン症児出産率は高くなり、35歳を過ぎると急増します（次ページ・グラフ）。

ダウン症候群の約70％は卵子の第一減数分裂の異常、12％が精子の第一減数分裂の異常によるものです。残りが第二減数分裂の異常で、卵子が10％、精子が8％です。

年齢を重ねた女性の卵子は、卵巣内にあるときすでに老化しつつあるので、排卵後の老化速度も速いのです。ですから、女性が35歳を過ぎて妊娠を希望する場合は、性交のタイミングにいっそうの注意をはらい、少しでも卵子の老化のハンディキャップを埋め合わせなくてはなりません。

お酒を飲んでのなりゆきまかせの性交は避ける

アルコールも染色体異常の原因になります。

すでに述べたように染色体異常が起こりや

すいのは減数分裂のときです。卵子は受精すると第二減数分裂を開始しますので、タイミング妊娠の性交をする時期に卵子は減数分裂を行うことになります。ですから、女性が性交の前後にお酒を飲むと染色体に異常をきたす可能性があります。

なお、男性の場合は、射精される精子の減数分裂は1カ月前にすでに終わっていますので、多少のアルコールが入ってもこの段階で影響することはありません。ただし、パートナーのことを思いやる気持ちがあれば、控えるほうがよいでしょう。

●ダウン症児の出産率と母親の年齢の関係

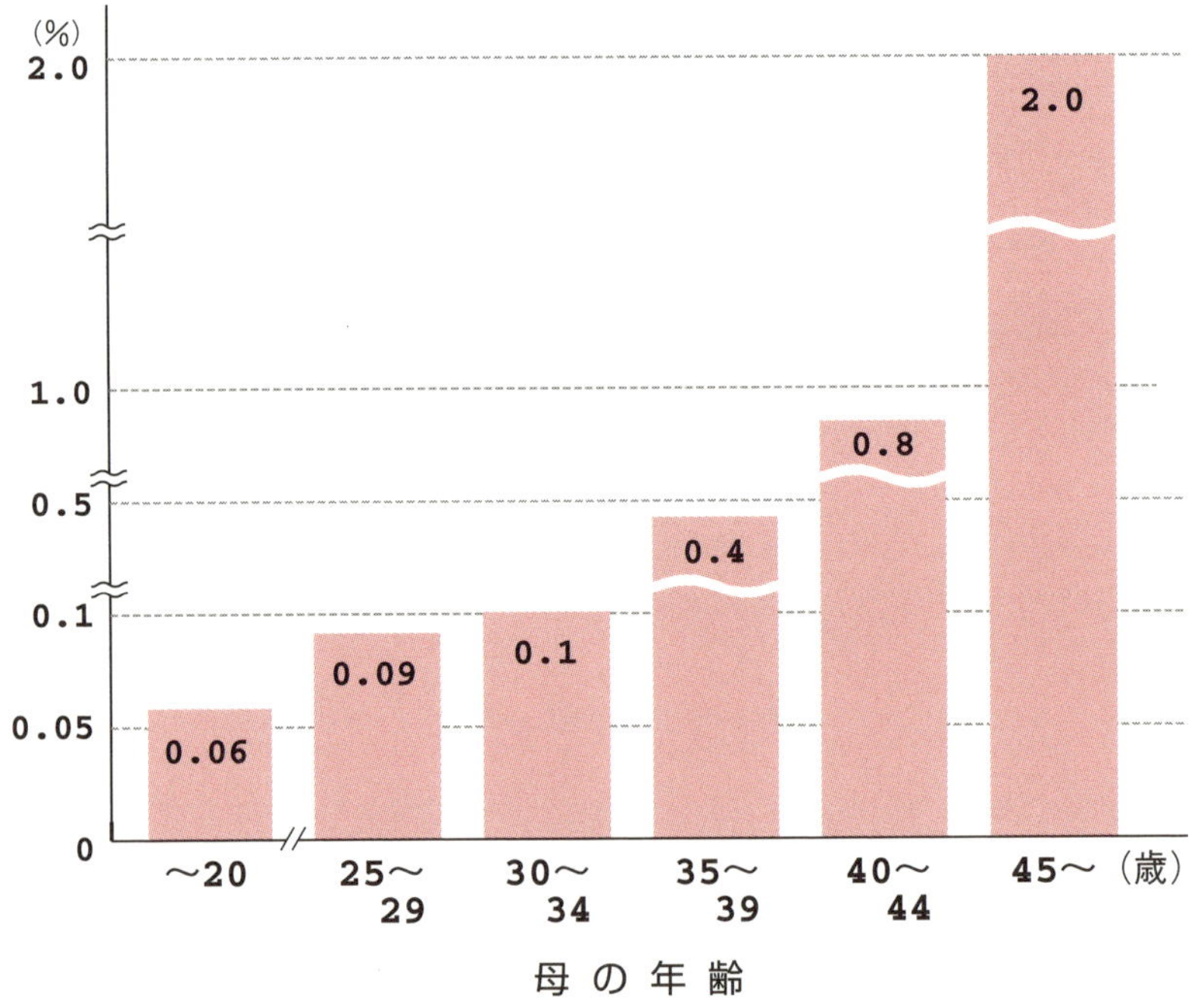

(J.L.ハマートン　アメリカ・1971年)

35歳を過ぎて妊娠すると、流産率が急に高くなり、ダウン症児の出産率も高まる。

Chapter 3

受精のしくみと、卵子・精子の老化

2億～5億個という膨大な数の精子のうち、
卵子と出会って受精できるものはたったの1個。
大切なのは、卵子が新鮮であり、精子が元気であること。
タイミング妊娠法を実践することで
卵子と精子がともに最良の状態で出会うことができれば、
心身ともに健康な赤ちゃんにきっと恵まれるでしょう。

section

1-1

卵子と精子の出会いと受精

受精のしくみを知ろう

精子には さまざまな難関が待っている

1回の性交で放出される精子の数は、2億～5億個です（1、2）。これらのうちの元気な精子だけが卵子に出会うべく子宮頸管部から先への旅に出ることになるわけです。

精子にとって第一の関門は子宮頸管です。子宮頸管に進入できるのは射精された全精子のうち1%にも満たない数で（3）、ここを通過して子宮に到達できるのは約10万個です（4）。

精子は次に卵管へと進みます。子宮と卵管の境界の部分は子宮卵管接合部といい、内径がわずか0・1ミリメートルほどの細い穴になっています。ここが第二の関門で、ここを通り抜ける精子の数はわずか数百個、射精された全精子の100万分の1です（5）。

子宮卵管接合部から卵管膨大部にいたる部分は長さ約5センチメートルの狭い管になっており、卵管峡部といいます。峡部の下半部には精子の貯蔵所があります。卵管に入る精子の数は数百個ですが、貯蔵所に付着する精子は数十個だけです（6）。精子はここで受精能獲得という成熟をしながら排卵（7）を待ちます。排卵があると、ここから飛び出て膨大部に進み、卵管膨大部の下半部で受精が行われます（8）。

射精から受精まで

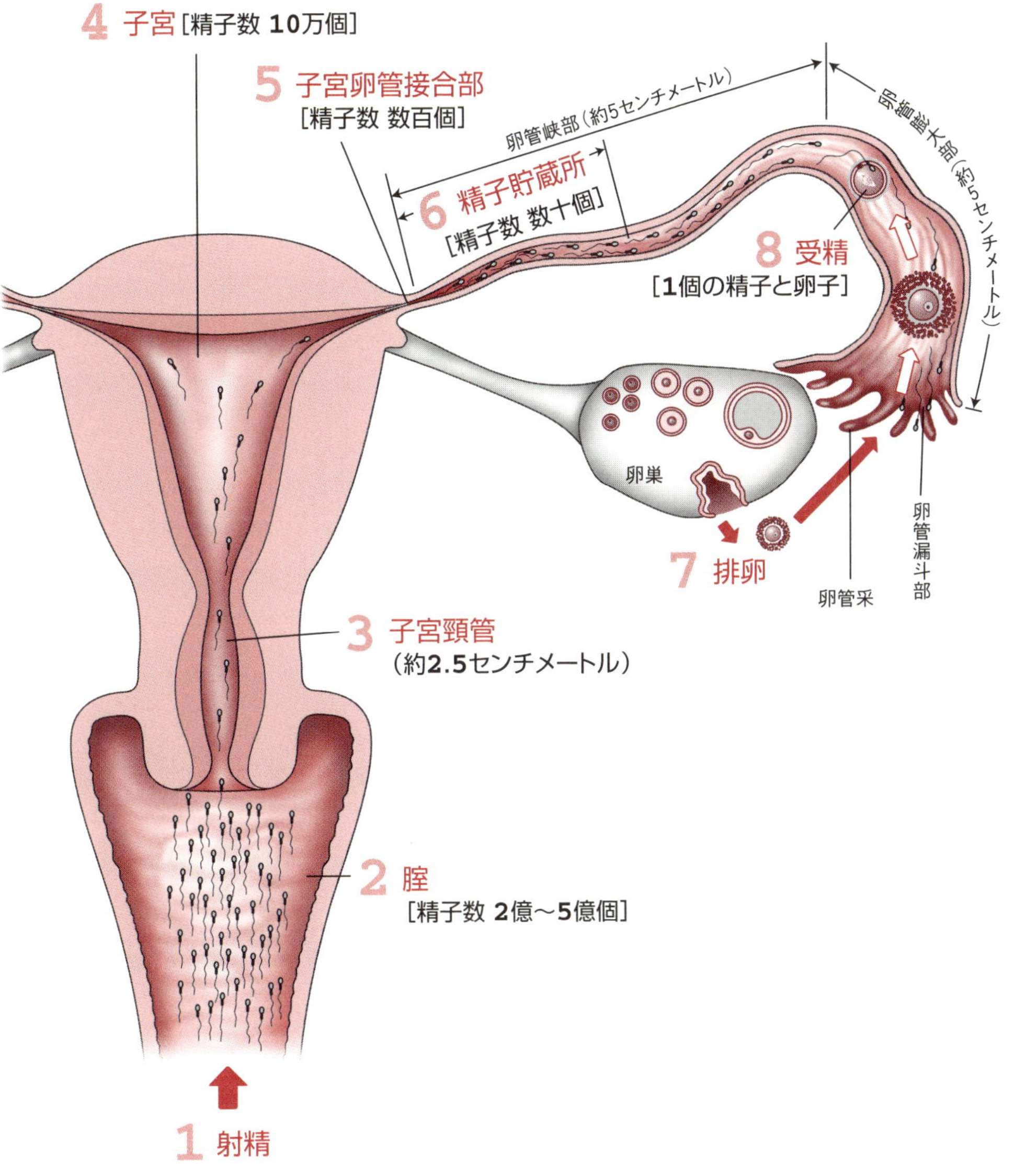
4 子宮［精子数 10万個］
5 子宮卵管接合部
［精子数 数百個］
卵管峡部（約5センチメートル）
6 精子貯蔵所
［精子数 数十個］
卵管膨大部（約5センチメートル）
8 受精
［1個の精子と卵子］
卵巣
7 排卵
卵管采
卵管漏斗部
3 子宮頸管
（約2.5センチメートル）
2 膣
［精子数 2億～5億個］
1 射精

section

1-2

卵子と精子の出会いと受精

精子が子宮に到着する確率は0・1%

膣内に入った精液は凝固して精子を守る

精巣でつくられた精子は、精巣上体尾部に蓄えられます。一部はさらに精管へ押し出されて精管壁から分泌される微量の液の中で貯蔵されます(24ページ)。これらの精子は完全な運動能力をもっていますが、液が弱酸性のため動きません。射精するとき、アルカリ性の前立腺液が分泌され、精液を酸性からアルカリ性に変えます。アルカリ性に変わると精子は活発な運動をはじめます。しかし、この段階の精子には生理的留め金が何重にもかかっているので、受精能力はありません。

1回の性交で放出される精液の総量は3~5ミリリットルで、2億~5億個の精子が膣

●精子は第一の関門・子宮頸管でふるい分けられる

弱い精子や奇形精子は取り残される

内に入ることになります。膣内は酸性で精子にとって有害ですが、精液は凝固することで精子を酸性の害から守り、流出を防ぎます。

最初の難関・子宮頸管を通過する精子はわずか0・1%

問題はこれからです。膣の先にある子宮頸管はぐっと狭くなるために、ここに入ることのできるものは、射精された全精子のうち1%にもなりません。ここが最初の関門です。

子宮頸管には頸管粘液が充満しています。ゼリー状の凝固精液が頸管の入口で頸管粘液の表面に付着すると、凝固精液中の元気な精子だけが頸管粘液内に侵入し、子宮に向かって進みます。受精に十分な数の精子が子宮に入るには、1時間半ほどかかります。このとき精子は自力で通過しなければならないので、元気で強い精子だけが子宮に入り、弱い精子や奇形の精子は膣内に取り残されます。子宮頸管を通って子宮に到達する精子は約10万個で、子宮に入った精子は、子宮の収縮運動によって一気に子宮の分泌液と混ざり、子宮内部に広がります。

●精子が射精されてから子宮に着くまで

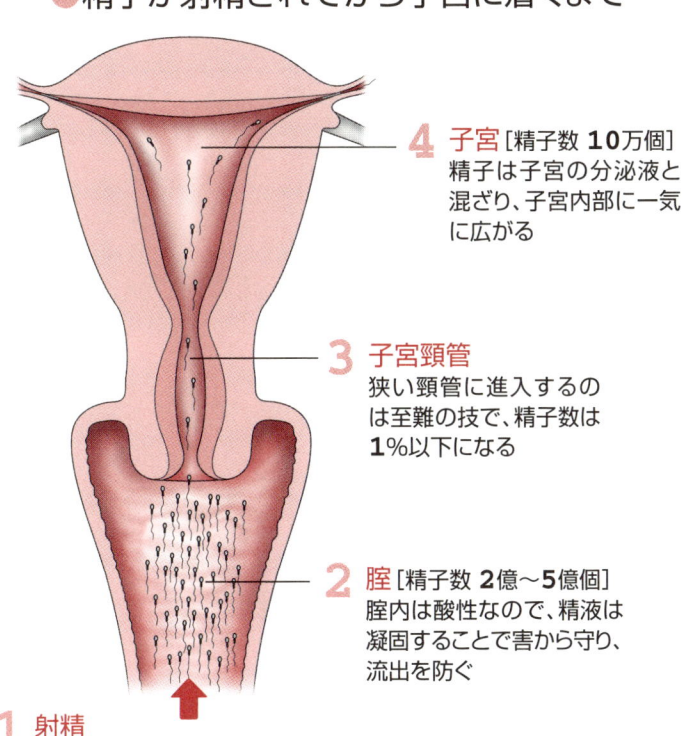

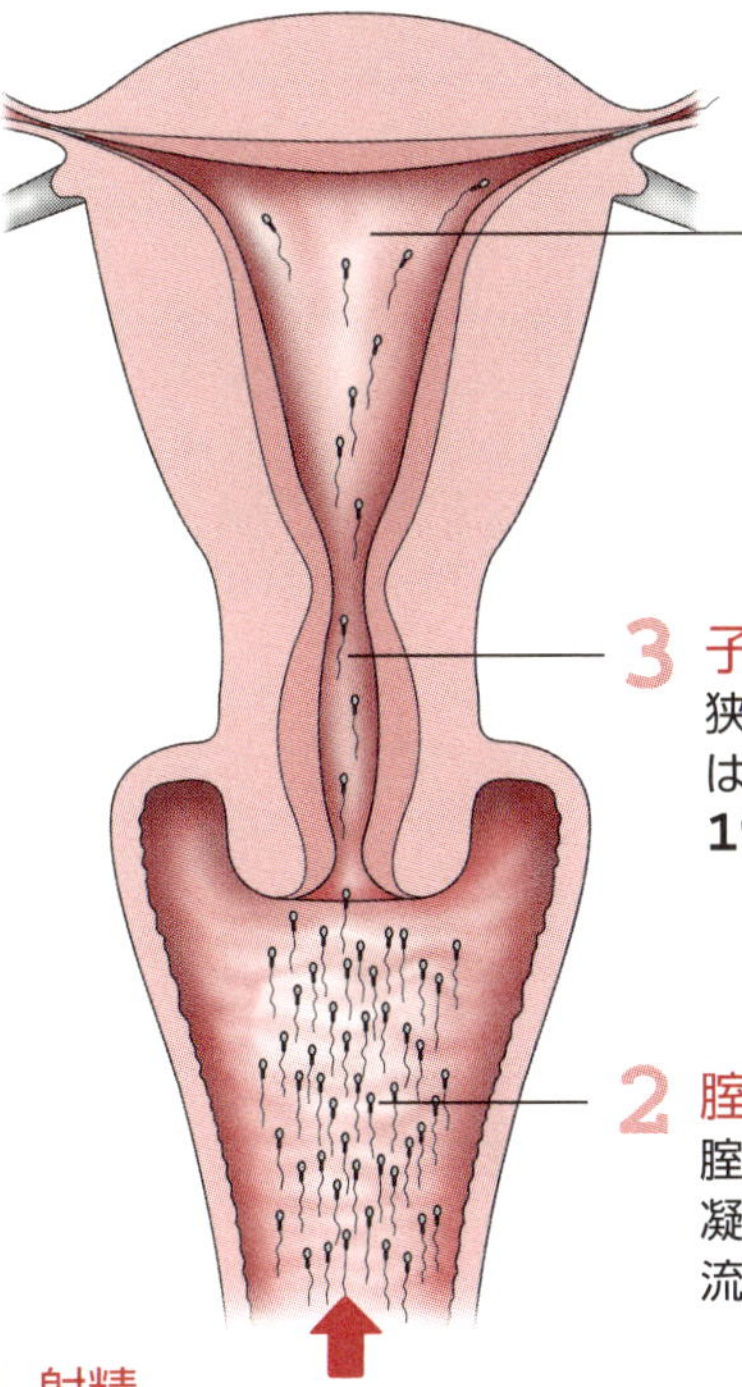
4 子宮［精子数 10万個］
精子は子宮の分泌液と混ざり、子宮内部に一気に広がる
3 子宮頸管
狭い頸管に進入するのは至難の技で、精子数は1%以下になる
2 膣［精子数 2億～5億個］
膣内は酸性なので、精液は凝固することで害から守り、流出を防ぐ
1 射精
アルカリ性の精液が射精される

（43ページへつづく）

section

1-3

卵子と精子の出会いと受精

精子は卵管峡部の貯蔵所で成熟する

少数精鋭の精子だけが突破できる第二の難関・子宮卵管接合部

次に精子は卵管へと進みます。子宮と卵管の境界の部分を子宮卵管接合部といい、内径が０・１ミリメートルほどの細い穴になっています。ここをくぐり抜けるのが第二の関門で、精子はやはり自力で泳がなくてはならないので、特別元気な精子だけが通過することになります。こうして射精後2～3時間で、受精に十分な数の精子が卵管に入りますが、その数はわずか数百個、射精された全精子の１００万分の１ということになります。

子宮内に取り残された約10万個の精子は、子宮内膜から出てくる白血球に喰いつくされてしまいます。

精子は卵管峡部に付着して蓄えられる

子宮卵管接合部から子宮膨大部にいたる部分は長さ約５センチメートルの狭い管になっており、卵管峡部といいます。卵管峡部の下半部には精子の貯蔵所があります。

最近の研究で、精子がここに貯蔵されるしくみがわかっています。射精時に精嚢から粘着物質が分泌され、これが精子を覆うように精子表面に付着します。これに対して、卵管峡部の下半部には、精子表面の粘着物質とだけ特異的に結合する糖たんぱく質があり、これによって精子は下半部に付着して貯蔵されます。卵管に入る精子の数は数百個ですが、卵管峡部の貯蔵所に付着する精子は数十個に

卵管峡部の精子貯蔵所の証明実験

イギリス・エジンバラ大学のハンター博士は１９８６年にニコール博士とともに、哺乳動物の卵管峡部の下半部に精子の貯蔵所があり、排卵があると、ここに貯蔵された精子が放出されて受精の場へと進み、その数が時間とともに増えることを実験で証明しました。

人間での実験的な証明は難しいのですが、オギノ式避妊法で「不妊期（安全期）」といわれる時期に性交したにもかかわらず妊娠することが少なくないことからも、同じしくみになっていると考えられます。

過ぎません。残りの精子は前進して卵管膨大部に進み、さらに腹腔に入って、最終的には白血球に喰いつくされて消滅します。

卵管峡部の貯蔵所で成熟をつづけ受精能獲得へ

射精直後の精子には生理的留め金が何重にもかかっていて受精能力はまだありません。しかし、女性生殖器内に入ると、留め金が順次はずれて、排卵があるとただちに超活性化精子となりうる状態まで成熟します。また、これと並行して、精子頭部の先体部分が「先体反応」を起こしうる状態まで成熟します。先体には、精子と卵子が接触したとき双方の細胞融合に必要な酵素や物質が含まれており、受精時にこれが放出されます。これを「先体反応」といいます。女性生殖器内で精子に起こるこれら2つの変化を受精能獲得（キャパシテーション）といいます。貯蔵所内ではこれらの過程が順調に進行し、2～3時間で受精能獲得完了の一歩手前の段階まで成熟します。

少数精鋭の精子だけが卵管峡部に蓄えられる

（41ページからのつづき）

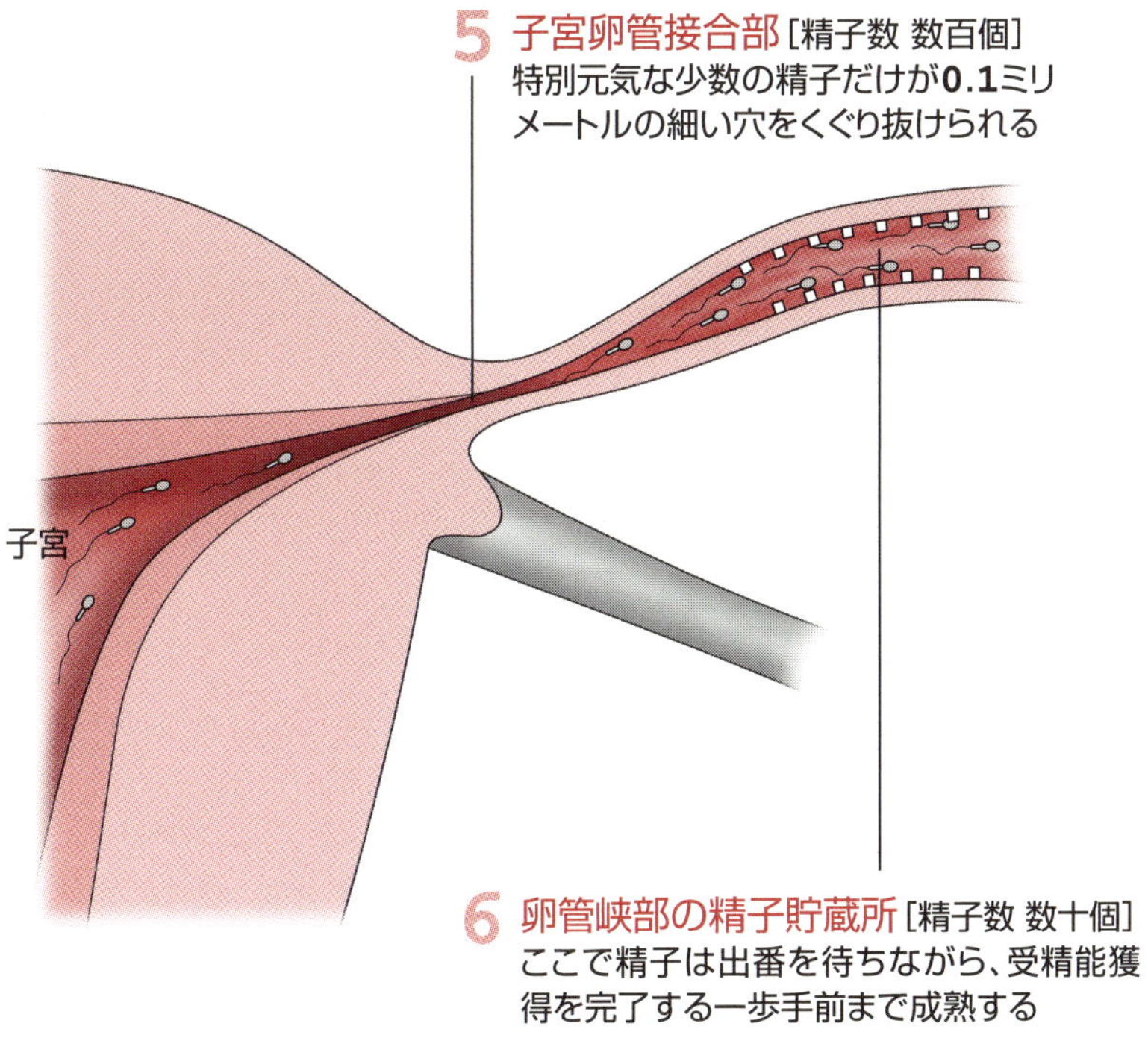
5 子宮卵管接合部［精子数 数百個］
特別元気な少数の精子だけが**0.1**ミリメートルの細い穴をくぐり抜けられる
子宮
6 卵管峡部の精子貯蔵所［精子数 数十個］
ここで精子は出番を待ちながら、受精能獲得を完了する一歩手前まで成熟する

section

1-4 受精できる精子は、たった1個

卵子と精子の出会いと受精

卵子と精子がいよいよ出会う——卵管膨大部は受精の場

卵巣内で排卵が近づくと、その情報が卵管峡部に貯蔵されている精子に伝わります。すると、精子はただちに最後の留め金をはずして受精能獲得を完了し、超活性化精子となって膨大部に進みます。

膨大部の先端には卵管漏斗部があり、漏斗部の縁はヒトデのような突起になっています。この部分を卵管采といいます。卵管采と卵管漏斗部の内面には卵管と同様に、無数の絨毛が生えています。卵巣から卵子が放出されると、卵管采が卵子を卵管内に取り込み、数分で卵子を膨大部の下端に送ります。卵子はここで、卵管を上昇してくる精子と受精します。

以上は排卵前の性交によって、精子が貯蔵所で待機している場合の受精です。貯蔵精子がない状態で、排卵後に性交した場合は、2時間もあれば受精に十分な数の精子が到達しますが、精子が受精能獲得を完了するには2〜3時間かかるので、もし、排卵後4時間以上たって性交すると受精までに6時間以上経過し、この間に卵子の老化が進みます。

たった1つの精子が卵子の膜を破って中へ——受精

排卵した卵子はたくさんの卵胞細胞という細胞で取り囲まれており、その細胞と細胞の間はセメント状のもので埋まっています。精子は、この物質を分解する酵素を出し、侵入

孔をつくって進みます。そして難関を突破してここまで進んできた精子のうち、たった1個だけ（射精された全精子の2億〜5億分の1）が卵子の膜を破って中に入ることができるのです。これが受精です。精子が入るとすぐに卵子は透明帯と卵黄膜という部分で二重のバリアを張り、あとから入り込もうとする精子の侵入を防ぎます。

受精後7日目に子宮に着床、胎盤で母親とつながる

受精すると、卵子と精子の核が合体して受精卵の核がつくられますが、これを胚と呼びます。新しい生命の誕生です。

胚（受精卵）は卵子の透明帯の中で発育し、受精後7日目に透明帯の殻を破って子宮に着床し胎盤をつくります。以後、胎盤の血管を通してお母さんから栄養をもらって成長をつづけます。

卵子と精子は何億分の1という確率で出会い、受精します。このときの卵子と精子が新鮮で元気な状態であれば、健康な赤ちゃんが育つ可能性がより大きくなります。

●受精のようす

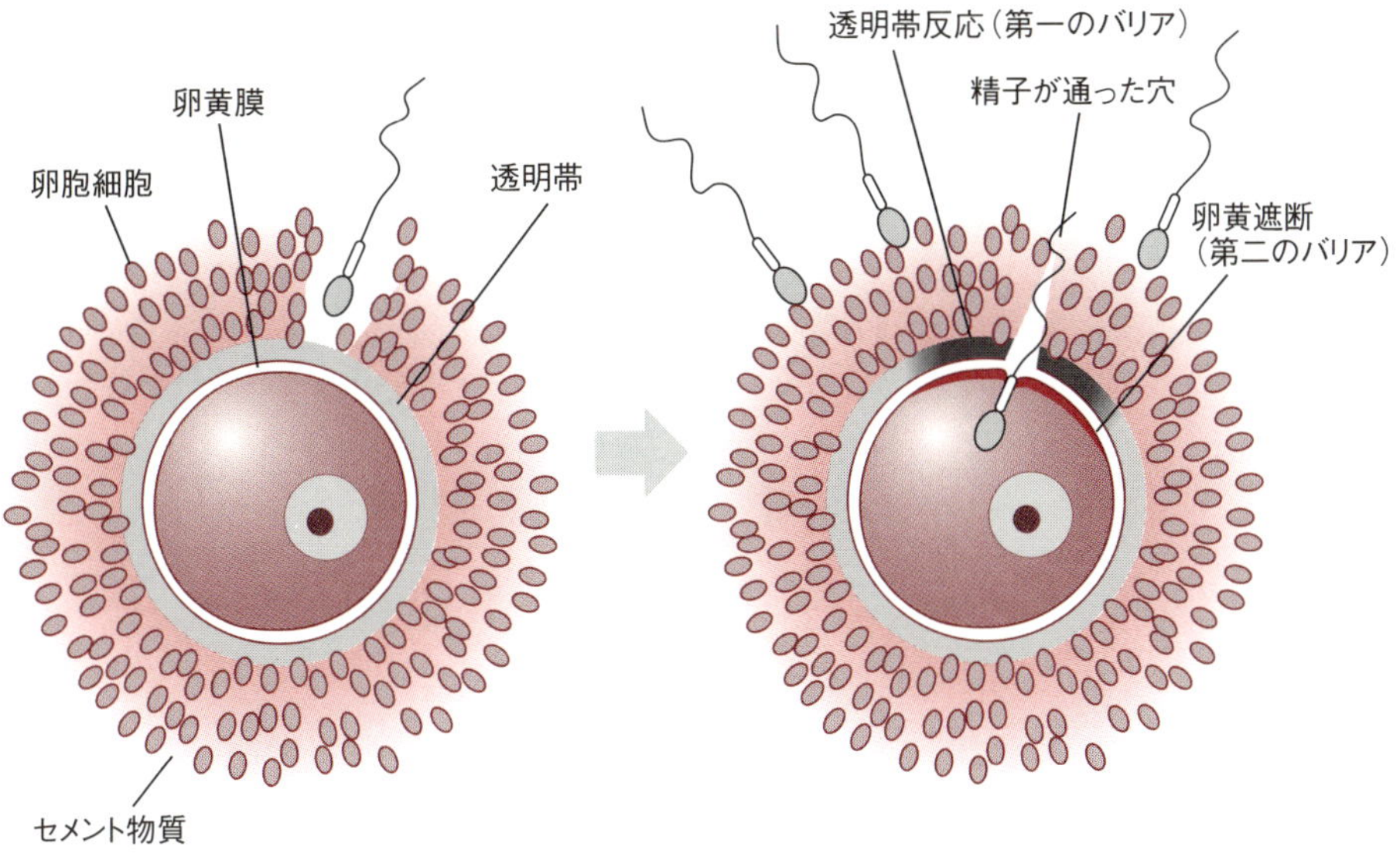

1 卵子を取り巻くセメント状物質に通り道をつくって卵子に近づく。

2 1個の精子が入るとただちにバリアを張って、あとから入り込もうとする他の精子をブロックする。

section

2-1 老化精子を貯蔵所に蓄えない

老化した卵子と精子の受精を防ぐ

精子の老化は射精後48時間ころからはじまる

精子の寿命は卵子よりかなり長いとされています。射精後80時間以上経過しても元気で受精能力を保っていますが、48時間を経過したころから老化がはじまり、たとえ受精してもオカルト妊娠で終わるものが次第に多くなります。

老化精子を貯蔵しない

女性の体内に射精されて卵管峡部に蓄えられた精子は、生存条件に恵まれているため長く受精能力をもちつづけます。そうなると、仮にタイミングよく性交しても常に新鮮な精子が受精するとは限りません。前の性交で蓄えられていた老化精子が卵子を先取りすることもあるわけで、この場合、オカルト妊娠に終わる可能性が高くなります。これを防ぐには、老化精子の貯蔵を防ぐことです。

老化精子の受精はなんとしても避ける――この点に注意せずに性交していると、毎回老化精子に卵子を先取りされ、不妊症でもないのにいつまでも妊娠しないということになりかねません。原因不明とされる不妊症の多くは、ここに原因があるのではないかと考えられます。タイミング妊娠法を実行するには、月経後から本番までの期間は禁欲、あるいはコンドームを使って、女性の体内に老化精子を貯蔵しないように注意することが大切です。

射精された精子の受精能力

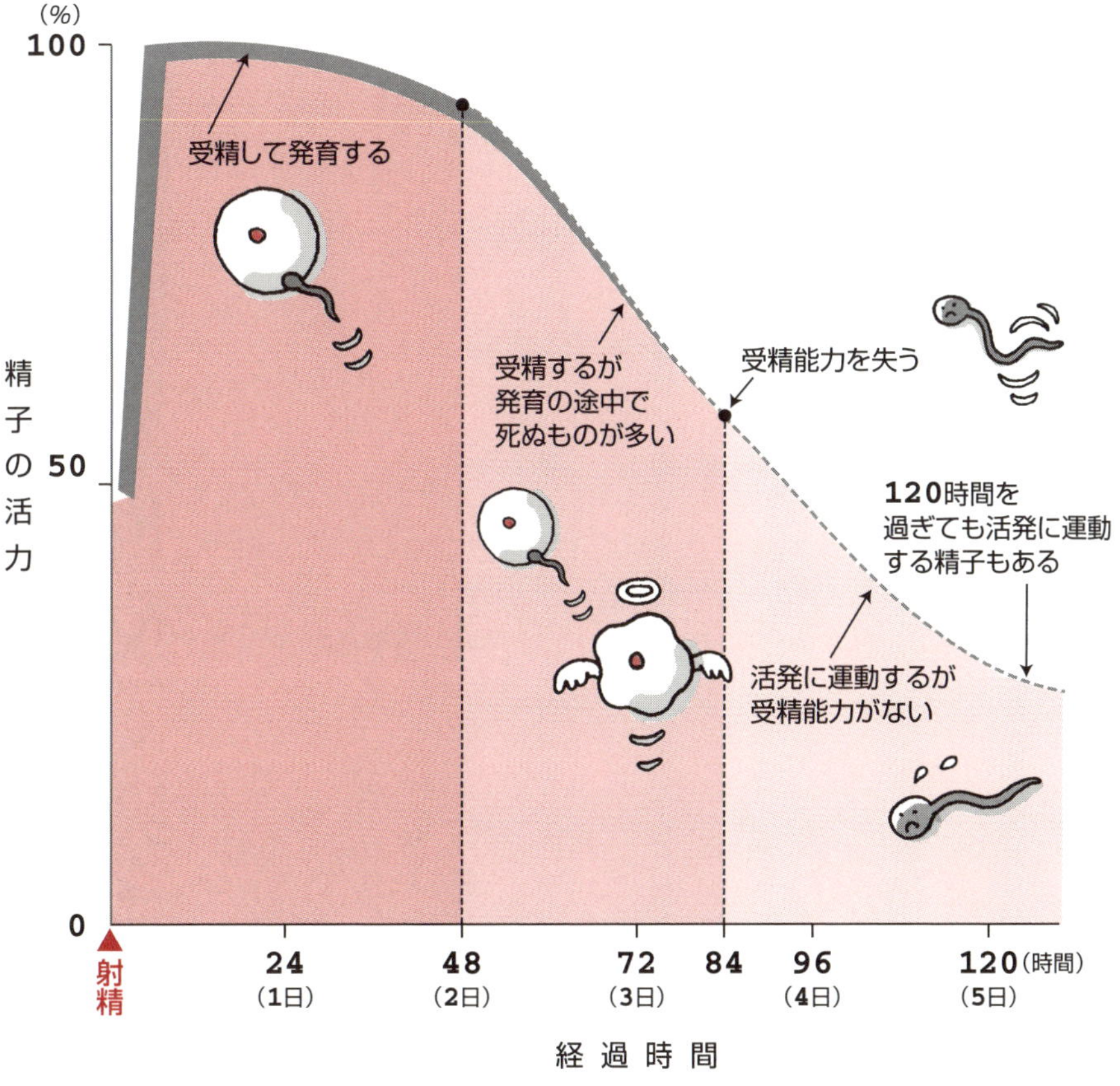

精子は卵子に比べると、かなり長い寿命がある。射精後80時間を過ぎるころまで元気で受精能力もあるが、48時間を過ぎるころから老化がはじまる。

※このグラフは、試験管内で調べた結果である。女性の体内に射精された精子は、より好環境で保たれるので、さらに長い受精能力をもっていると考えられる。

section

2-2

老化した卵子と精子の受精を防ぐ

排卵前日の性交で卵子の老化を防ぐ

卵子は、排卵前に老化し、排卵後にも老化する

生理不順や高齢などが原因で排卵が遅れると、卵巣内の卵子の老化が進みます。この老化卵子が排卵し受精してできた胚は、発育初期に死んでしまってオカルト妊娠で終わる場合が多いのです。ダウン症候群は卵巣内卵子の老化が原因です。女性の妊娠年齢が35歳を超すと、年齢とともにダウン症児の出産率が高くなります。

一方、排卵後の卵子の老化も、早期胚死亡に結びつくことがアメリカの研究者によって報告されています(欄外)。精子に比べ、卵子の老化は早く進むので、排卵後6時間以内に受精するよう配慮が必要です。

具体的には、排卵日の1、2日前に性交することです。この性交によって精子は卵管峡部の貯蔵所で保存され、排卵が近づくとその情報が卵巣から貯蔵所に伝えられ、情報を受けた精子はただちに卵管膨大部へ向かって卵管を遡ります。排卵した卵子は3分で膨大部末端に達し、ここで上昇してくる精子と受精します。こうすれば、卵子は排卵後すぐに受精するので、排卵後の老化の心配はなくなります。

排卵前の卵子の老化を防ぐのは困難ですが、タイミング妊娠法を実行すれば、排卵後の老化は防げるので、ある程度は埋め合わせることができるでしょう。

卵子の老化についての研究

家畜については、卵子の老化の過程が詳しく調べられてきました。

たとえばブタの卵子は、排卵後24時間近く受精能力をもちつづけますが、排卵して8時間以上経つと、たとえ新鮮な精子と受精しても、受精卵は発育の初期に死んでしまいます。

人間については、アメリカの環境保健科学研究所のA・J・ウイルコックス博士らが、動物と同様に、排卵後の卵子の老化が早期の胚死亡をもたらすことを1998年に報告しています。

異常卵の調査報告

アメリカのA・T・ハーティヒらの報告(1967年)によると、女性のからだから排卵予定

老化卵子に起こる異常

卵子の老化が原因で起こる異常のうち、最も多いのは染色体の数の異常です。第一減数分裂や第二減数分裂のときに均等に分裂できず、数の異常が起こるのです（32ページ）。

また、新鮮な卵子の場合には、１個の精子が入り込むとただちに卵子の周囲に防護壁がつくられて、あとからくる精子の侵入を防ぐしくみになっていますが、老化した卵子ではこの防護反応が鈍くなっているため、１個の卵子に２個あるいはそれ以上の精子が侵入してくることがあります。こうなると受精卵は三倍体など倍数体という染色体異常になって、正常に発育できません。

さらに、卵子の細胞内には遺伝子に異常が生じると、これを正常に戻そうとする酵素があるのですが、老化卵子ではこの酵素の働きが弱くなります。その結果、遺伝子が傷ついても修復することができず、胚は死んでしまうか、生まれた子どもになんらかの障害が出ることになります。

排卵後の卵子の受精能力

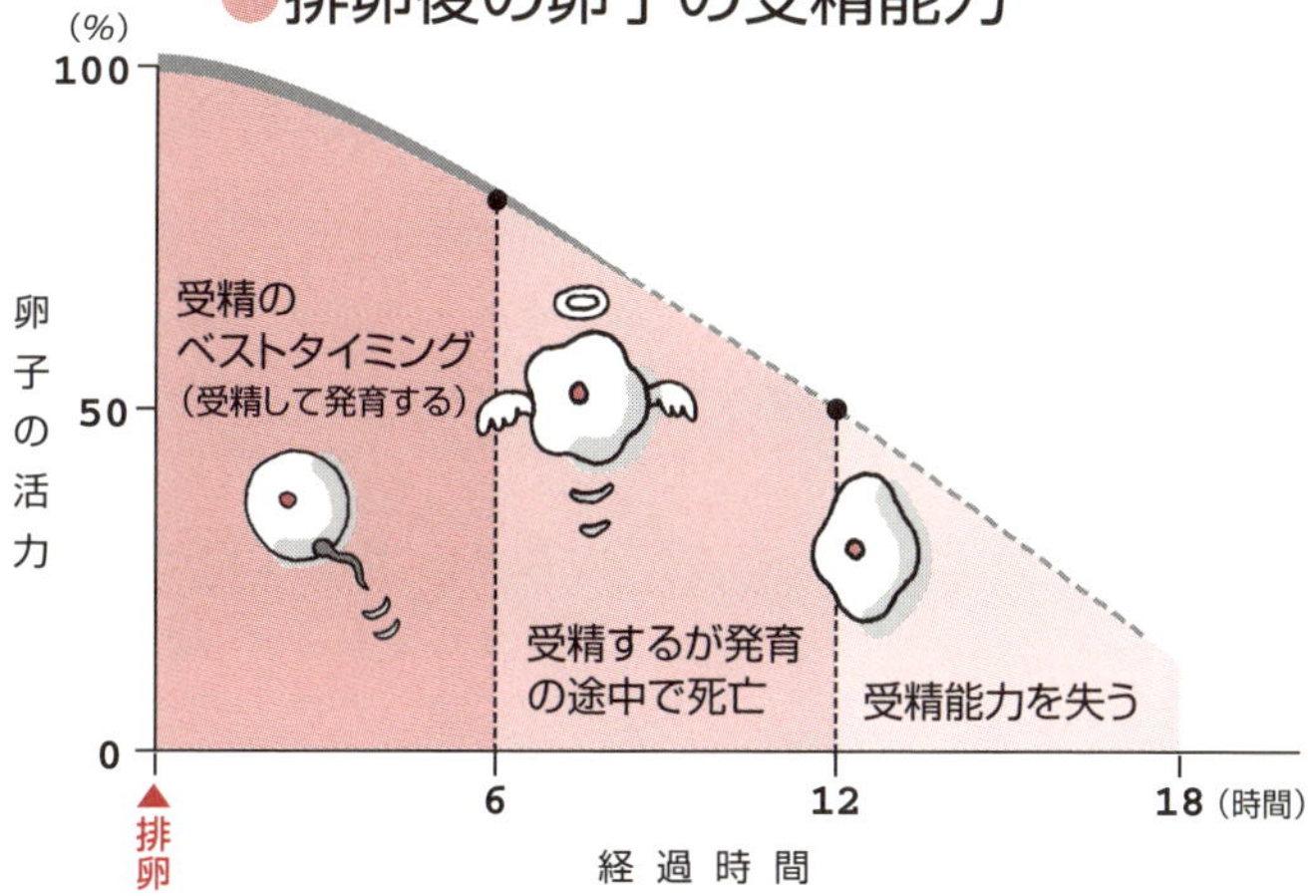

排卵後の卵子の老化を防ぐには、排卵後6時間以内に受精することが重要。

日またはそれ以前に排卵した13個の卵子を調べたところ異常卵は1個だけでした。ところが、排卵予定日以後に排卵した21個の卵子はそのうちの14個が異常卵でした。このことから、ハーティヒは排卵が遅れると異常卵が増えることを指摘しました。また、アメリカのイッフィ博士が、1回の性交で妊娠した女性を調査したところ、月経周期の中期以後の性交で妊娠すると異常胚になる確率が高いことがわかりました（1970年）。

Column

妊娠週数の数え方と妊娠の経過

●妊娠日数…最終月経の第１日を妊娠０日として数えます。

●妊娠週数…妊娠０日から６日までの最初の７日間を第０週とし、次の７日間を妊娠第１週として数えます。

●妊娠月数…第０週から第３週までの４週間を妊娠１カ月と数えます。

妊娠月数	1カ月																												2カ月		
妊娠週数	第0週							第1週							第2週							第3週							第4週		
妊娠日数	0	1	2	3	4	5	6	7	8	9	10	11	12	13	14	15	16	17	18	19	20	21	22	23	24	25	26	27	28	29	30

排卵は妊娠第２週のはじめにあり、放出された卵子はただちに精子と受精します。実際の妊娠はこの日からはじまります。ところが、排卵日を正確に知ることはできないので、最終月経がはじまった日から起算することになっているのです。

受精卵が発育したものを胚と呼びます。胚は受精から７日目に当たる妊娠第３週のはじめに子宮壁に着床します。妊娠すると第４週目にあるはずの次の月経がこないので、ここではじめて妊娠を疑います。薬局で買い求めた妊娠検査薬で検査をし、結果が陽性ならば妊娠ということになりますが、この時期の胚はまだ死亡率が高いので、安心はできません。

第６週ごろ産婦人科で検査を受けて妊娠であることをはっきりさせます。第９週の終わりにはからだのすべての器官がひと通りでき上がるので、第10週以後は胎児と呼ばれます。そして、胎児は妊娠第40週の終わりに新生児として誕生するのです。

Chapter 4

丈夫でよい子をつくる
タイミング妊娠法の実際

新鮮な卵子と、元気で活発な精子とが受精し成長すると、
心身ともに健康な子どもが生まれる確率が高いことは、
すでに述べてきた通りです。
そこで、いよいよタイミング妊娠法の実際です。
まずは、女性のからだと月経のしくみをよく理解することが大切です。
そのうえでパートナーへの思いやりあふれる性交を
ベストタイミングで行えば、元気な赤ちゃんを授かるでしょう。

section

1-1

月経のしくみを理解する

月経周期による卵巣の変化を知ろう

卵胞期→排卵→黄体期→月経の順で繰り返される月経周期

タイミング妊娠法で大切なのは、排卵日をできるだけ正確に知ることです。しかも、高度な医療技術や医療器具を使うのでなく、家庭で簡単に割り出せるものでなくてはなりません。そのためには、月経のしくみをよく理解しておくことが重要です。

月経周期は卵胞期、排卵、黄体期、月経から成っています。卵胞期の終わりに排卵が起こり、黄体期に入ります。そして黄体期が終わると月経がはじまるというサイクルが繰り返されるのです。

54～57ページで詳しく説明しましょう。

④FSHの刺激で急速に成長
（三次卵胞となり浮上、グラーフ氏卵胞となる）
排 卵
＜LHサージピークから15～24時間後＞
⑤LHが大量に放出され（LHサージ）、排卵する

月経周期による卵巣の変化

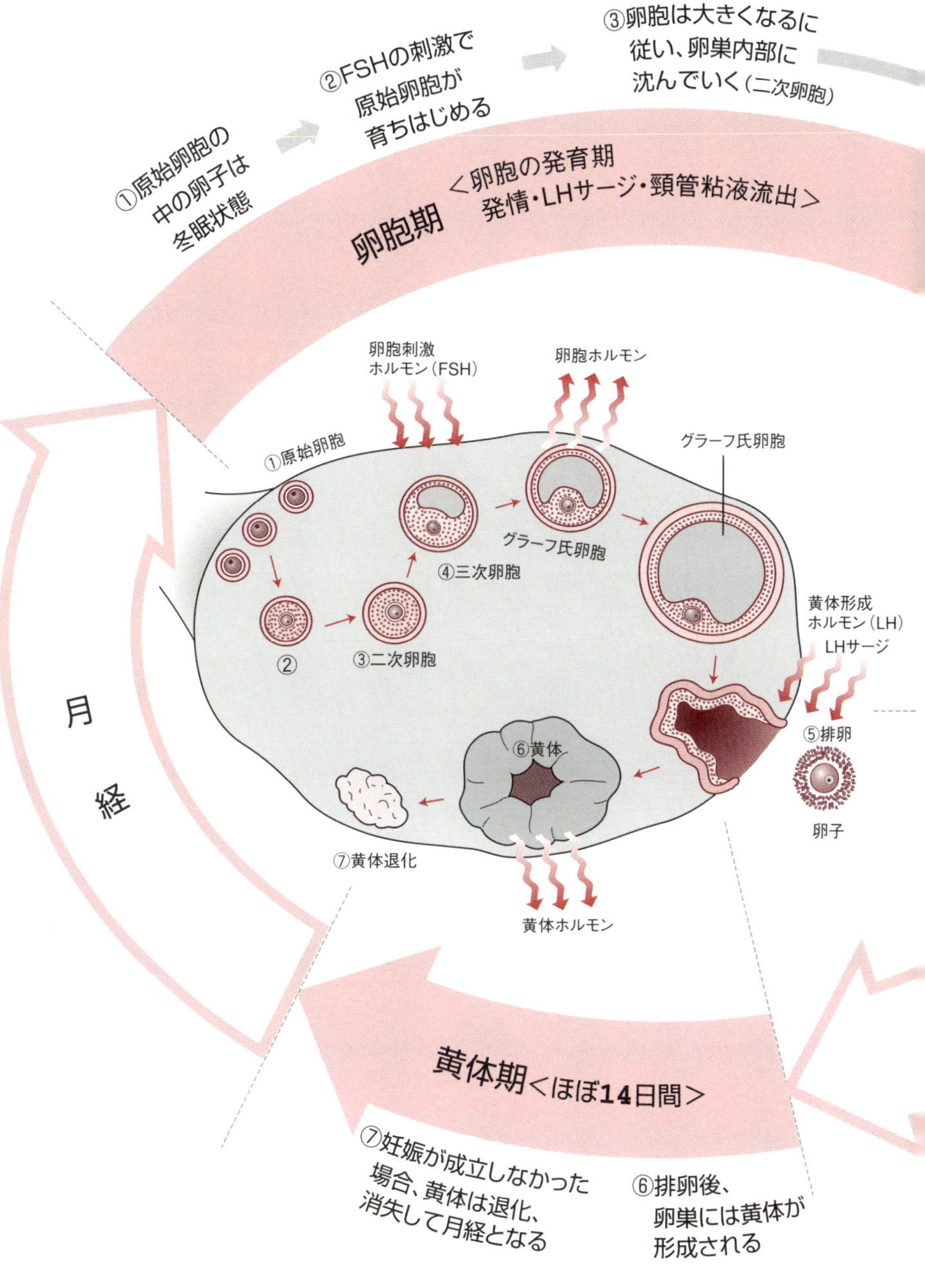

①原始卵胞の中の卵子は冬眠状態
②FSHの刺激で原始卵胞が育ちはじめる
③卵胞は大きくなるに従い、卵巣内部に沈んでいく(二次卵胞)
卵胞期
＜卵胞の発育期
発情・LHサージ・頸管粘液流出＞
卵胞刺激ホルモン(FSH)
卵胞ホルモン
①原始卵胞
グラーフ氏卵胞
②
③二次卵胞
④三次卵胞
グラーフ氏卵胞
黄体形成ホルモン(LH)
LHサージ
⑤排卵
卵子
⑥黄体
⑦黄体退化
黄体ホルモン
月経
黄体期＜ほぼ14日間＞
⑦妊娠が成立しなかった場合、黄体は退化、消失して月経となる
⑥排卵後、卵巣には黄体が形成される

section

1-2

月経のしくみを理解する

月経1日目から排卵、着床まで

卵胞期─卵胞が発育する時期

卵胞期は卵巣中の卵胞が発育する時期です。この時期、卵胞刺激ホルモン（FSH）が主体となり、これに黄体形成ホルモン（LH）と卵胞ホルモンが協力して卵胞を刺激します。二次卵胞は大きく育ち、卵巣内部へ沈んでいきます。次にFSHの刺激を受けて、卵胞内部に隙間ができ（三次卵胞）、やがて卵巣表面へ浮上します。浮上したものをグラーフ氏卵胞といいます。

発育中の卵胞は卵胞ホルモンを分泌します。月経周期の12日ごろ、血液中の卵胞ホルモン濃度が最高に達し、次のことが起こります。

①脳の視床下部にある性中枢を刺激する。動物では発情が起こる（人間でははっきり現れず、性交頻度が増す程度）。

②LH放出中枢を刺激し、24～48時間後に脳下垂体からLHが大量放出される。これをLHサージといい、約15時間つづく。

③頸管粘液の分泌が増え、子宮頸管が緩むため粘液の一部が膣のほうへ流出する。

排卵─成長した卵子が受精のために飛び出す

LHサージがはじまると、グラーフ氏卵胞の1つ（主席卵胞といいます）がLHの刺激を受けて発育速度を速めます。卵胞の壁はもろくなり、ついに卵胞の先端が破れ中から卵子が出てきます。これが排卵です。

排卵はLHサージがはじまってから平均32～38時間後に起こります。LHサージのピー

クから計算すると、約15～24時間後に排卵することになります。

黄体期 —着床の準備をする時期

排卵した卵胞の内部に残った細胞は、大きくなって黄色の塊となります。これを黄体といいます。黄体は月経周期の20日ごろに最大となり（直径約20ミリメートル）、次の月経がはじまる前に消失します。黄体期はほぼ正確に14日間で一定です。ですから、月経周期の個人差には黄体期は関係なく、卵胞期の長さの違いが影響していることがわかります。

黄体から分泌される黄体ホルモンは、卵胞ホルモンとともに卵管や子宮の内膜を刺激して、受精卵を育てるための栄養液を分泌させます。また着床しやすいように子宮粘膜を厚くして、体温を上昇させます。

妊娠しなければ、黄体は14日後に退化して黄体ホルモンは減少します。その結果、それまでに厚く発育していた子宮内膜がはがれ落ちます。これが、月経です。

妊娠すると黄体は退行せず黄体ホルモンを分泌しつづけるので、月経は起こりません。

黄体ホルモンは、妊娠を維持する働きをするため、妊娠維持ホルモンとも呼ばれます。

ホルモンレベルと排卵の時間関係

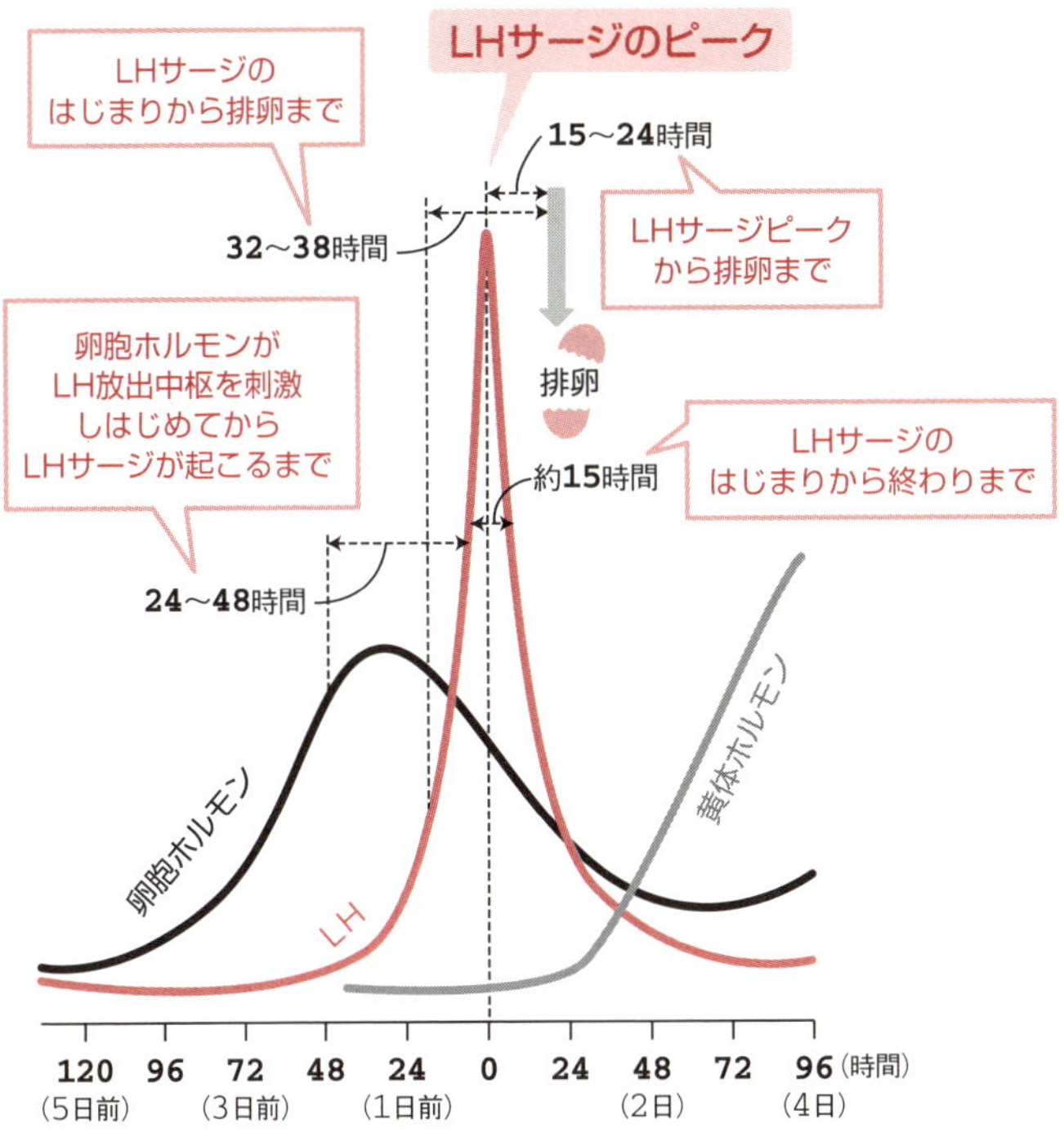

●卵胞ホルモンと黄体ホルモンの働き

卵胞ホルモンの働き

a 脳の視床下部にある性中枢を刺激し、性欲を亢進させる

b LH放出中枢を刺激して**24**～**48**時間後に脳下垂体からLHサージを起こさせる

c 子宮内膜を刺激して、毛細血管を発達させ、内膜を厚くする

d 頸管粘液の分泌を促進させる

e 子宮頸管を緩ませる

卵胞期

排卵

黄体ホルモンの働き

a 卵胞ホルモンとともに子宮内膜を刺激して子宮粘膜を厚くし、着床準備を調える

b 体温を上昇させる

c 子宮頸管を閉ざし、粘液を凝固させる

黄体期

妊娠成立

黄体ホルモン→妊娠維持

妊娠不成立

↓

月経

↓

卵胞期へ

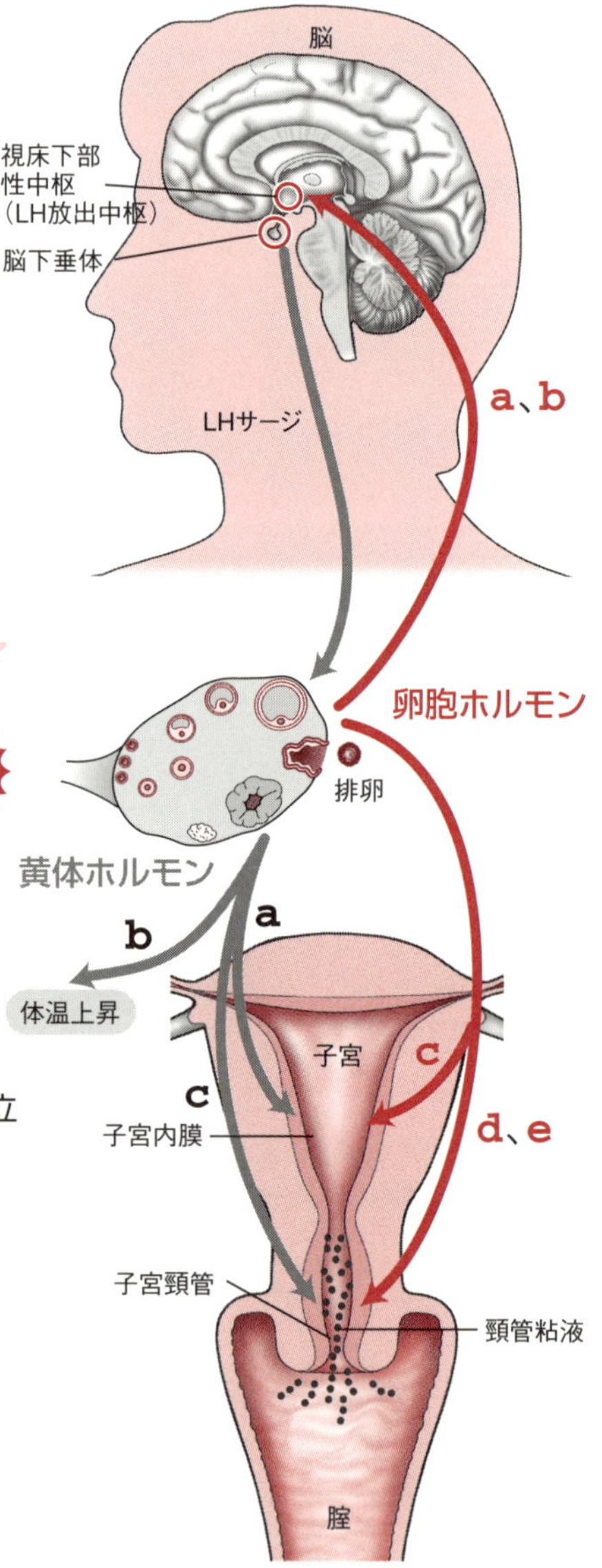

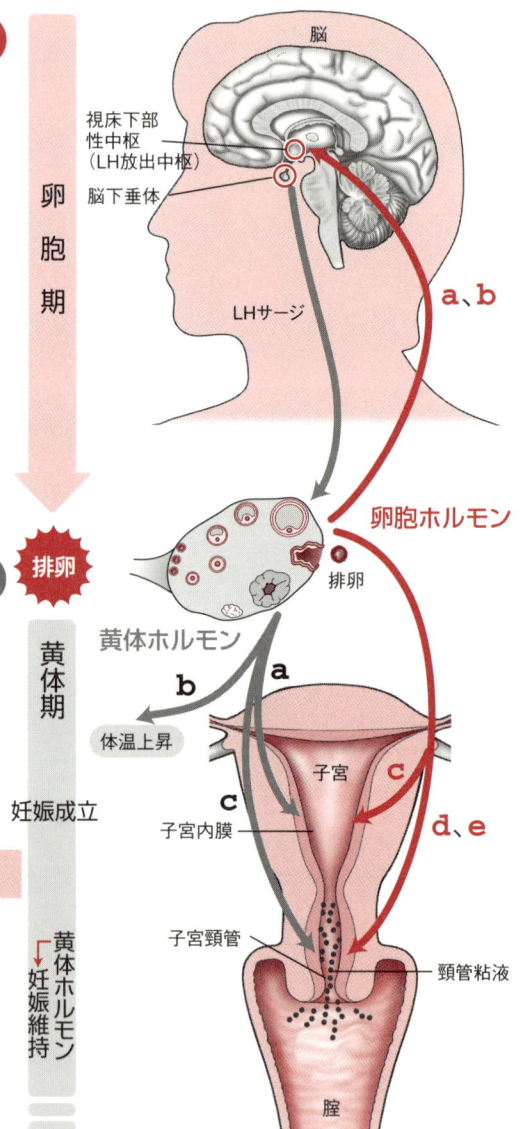

月経周期中の生理的変化

月経周期中の生理的な変化は以下の図のようなものである。黄体期の終わりに、卵胞刺激ホルモン（FSH）分泌が増加しはじめ、月経がはじまる。卵胞ホルモンの分泌量は卵胞が成長するにつれて増加する。

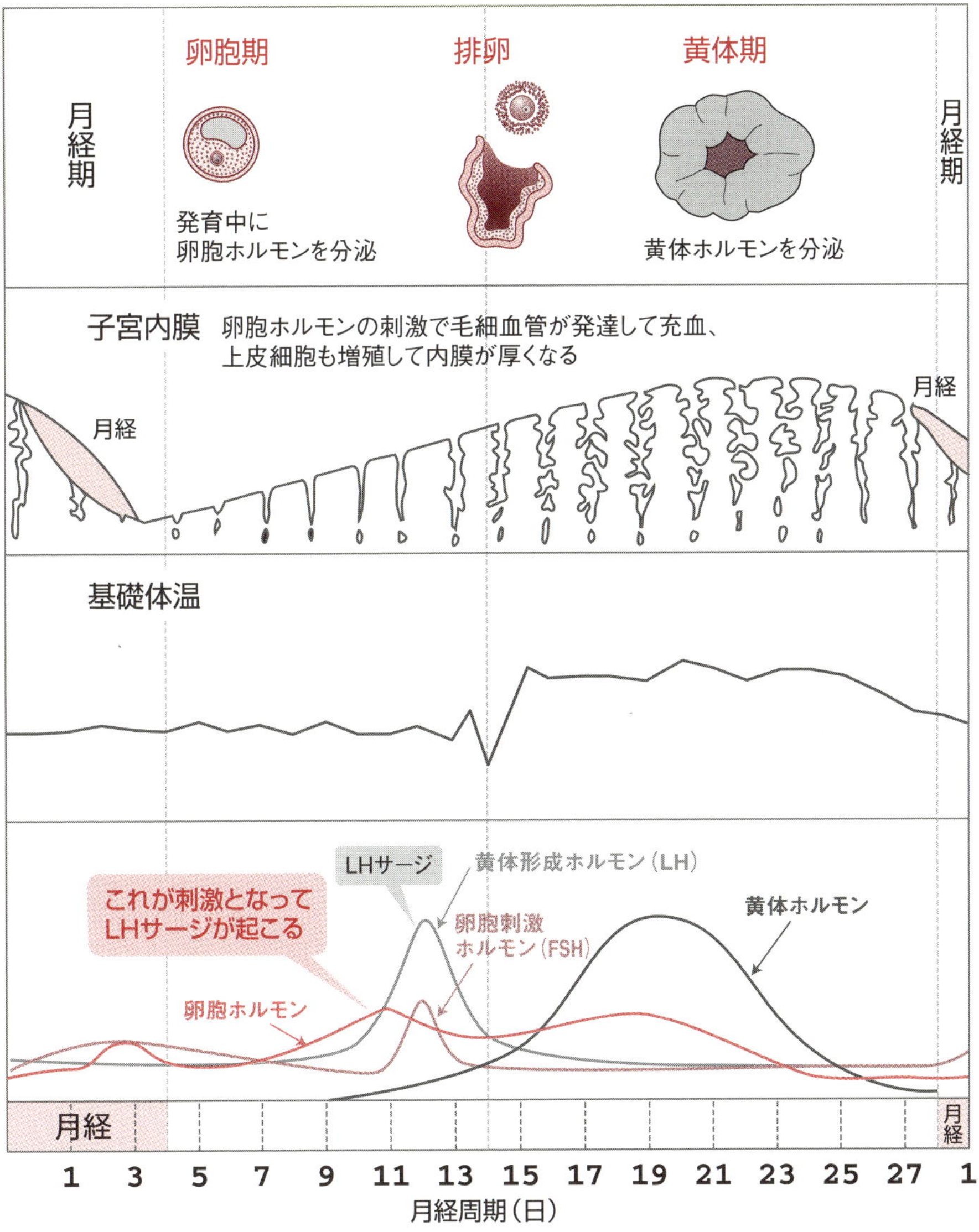

section

2-1

排卵日を知る5つの方法

リズム法――オギノ式

女性のからだの周期を知って排卵日を予測するリズム法

女性のからだの中では、卵胞期、排卵、黄体期、月経というように、一定の周期で生理的な変化が起きています（52〜57ページ）。この周期（リズム）をできるだけ正確に知ることによって、排卵日を予測する方法をリズム法といいます。リズム法にはオギノ式、基礎体温法、頸管粘液法などがあります。

オギノ式――黄体の寿命を14日として排卵日を予知

月経周期の長さは人によって違います。また同じ人でも毎回周期が同じとは限りません。ところが黄体の寿命は、大多数の人が14日でほぼ一定しています。黄体は排卵直後に形成されて、次の月経がはじまる前に退行します。そうすると、月経周期の最終日（次の月経がはじまる前日）から逆算して15日目が排卵日ということになります。これがオギノ式です。

左の図では周期ごとの排卵日に○印をつけて示してありますが、たとえば、26日周期の人は月経開始日から12日目が排卵日です。30日周期の人は月経開始日から16日目ということになります。

月経周期を記録して、周期の長さと排卵日を知る

オギノ式は次の月経がはじまったときに、すでに終わった排卵日を推測し、これを6カ月から1年つづけて記録することで、その結

リズム法の記録

記録は、いずれの方法も根気よくつづけましょう。婦人科検診の際にも役立ちますので、必ず持参してください。

オギノ式

荻野久作氏が1924年に発表した理論。もともとは不妊に悩む人たちのために、妊娠しやすい時期を予測するという考え方でした。実際には、荻野氏の意図とは裏腹に、その時期を避ければ妊娠しにくいという避妊法として受け取られているようです。

果から自分の排卵日を予測するというものです。

月経周期が不規則な女性の場合でも、1年間記録をとることによって、最短周期と最長周期がだいたいわかります。その結果に基づいて、月経がはじまってから何日目から何日目の間に排卵が起こるかが予測できます。最短周期をS日、最長周期をL日とすると、排卵は（S－14）日から（L－14）日の間に起こることになります。

ただ、通常は15日前ですが、まれに16日前や12日～14日前に排卵することがあります。そこでオギノ式では、月経予定日の16日前から12日前までの5日間を排卵が起こりうる期間として、この前に3日間の精子生存期間を加えて、次の予定月経の19日前から12日前までの8日間を受胎期としています。

オギノ式避妊法

※○は排卵日を示す

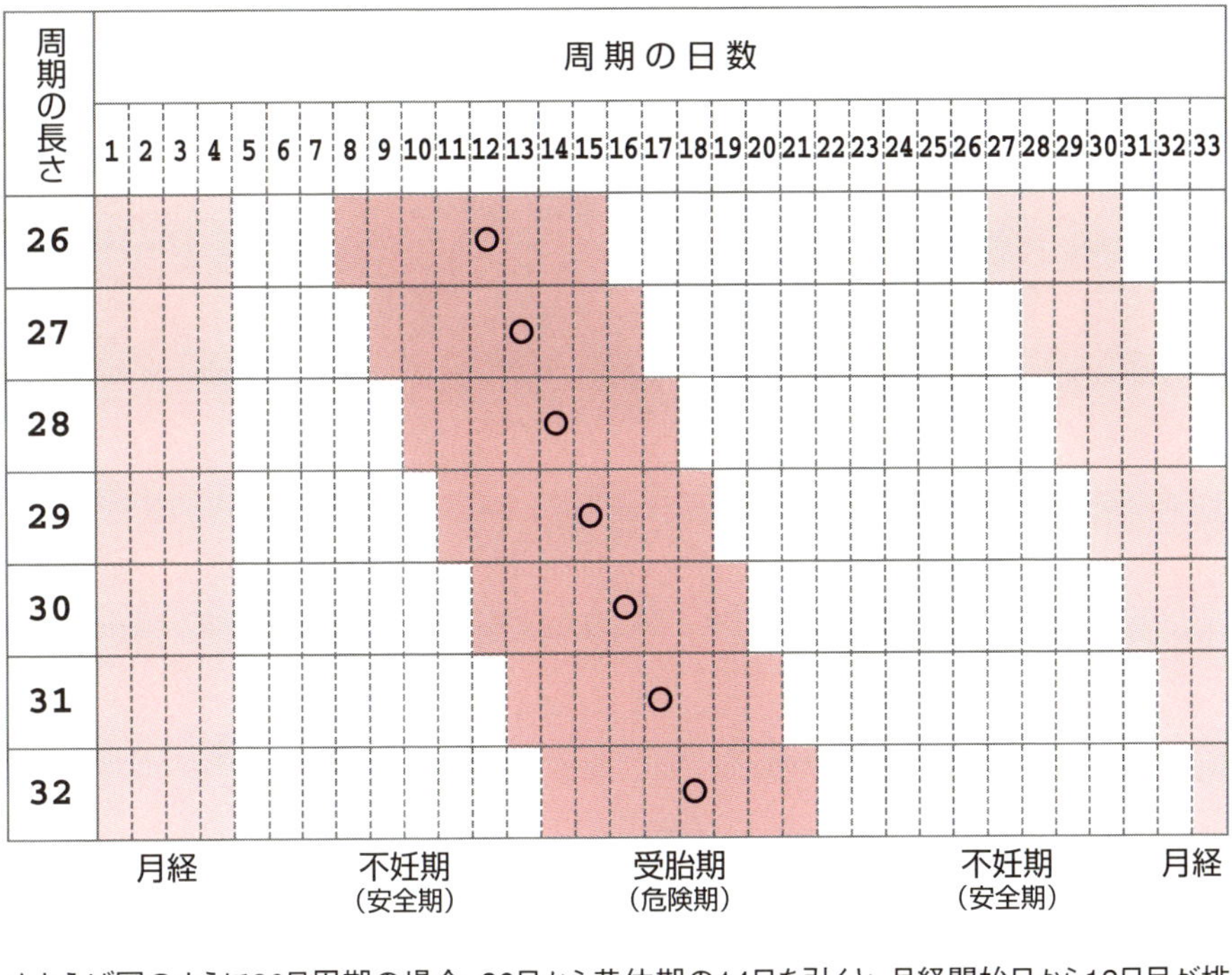

たとえば図のように26日周期の場合、26日から黄体期の14日を引くと、月経開始日から12日目が排卵日となる。

section

2-2

排卵日を知る5つの方法

リズム法――基礎体温法

基礎体温はホルモンの働きで変動する

基礎体温とは、人が生命を維持するために必要な体温のことで、からだを安静に保ち、心も平静な状態にあるときの体温です。常に一定しているわけではなく、黄体期に黄体ホルモンの働きによって少し高くなります。そのため、卵胞期に低く(低温相)、黄体期に高い(高温相)という二相性を示します。その差は約0・4度です。この基礎体温の変化を継続して記録することによって、排卵日を知る手がかりとするのが基礎体温法です。

基礎体温は毎朝、目を覚ましてすぐ、起き上がる前に測り、記録して基礎体温グラフをつくります。これを6カ月から1年間つづけ

●基礎体温の測り方のポイント

1 規則正しい生活をこころがけ、毎日**5**時間以上睡眠をとり、ほぼ決まった時刻に目を覚ます。
枕元に婦人体温計と基礎体温表、筆記具を用意しておく。

2 目覚めたらすぐ、あお向けに寝たまま舌の下側に体温計をはさみ、体温を測る。

3 測ったらすぐに、基礎体温表に記入する。身体状況も記入する。

ます。根気のいる作業ですが、記憶装置付き基礎体温計など便利なものを利用してつづけましょう。

低温相と高温相の変わり目が排卵日

こうして記録した基礎体温グラフを見ると、低温相から高温相に移る時期が読み取れます。基礎体温がそれより前の6日間のどの体温よりも高ければ高温とみなし、高温が3日つづけば高温相に入ったとします。一般に排卵は低温相の最終日に起こるので、この日を排卵日とします。女性の約30％は排卵日に体温が一段下がります。以上の結果から、排卵日を予測します。

誰でも低温相と高温相の二相がはっきり分かれると限りませんが、前ページの「基礎体温の測り方のポイント」に注意を払って測定をつづければ、比較的よいグラフが得られます。それでもなお、変わり目がはっきりしないときは、オギノ式や次の項の頸管粘液法などの結果を考え合わせて、おおよその排卵日を知ることができます。

基礎体温表（記入例）

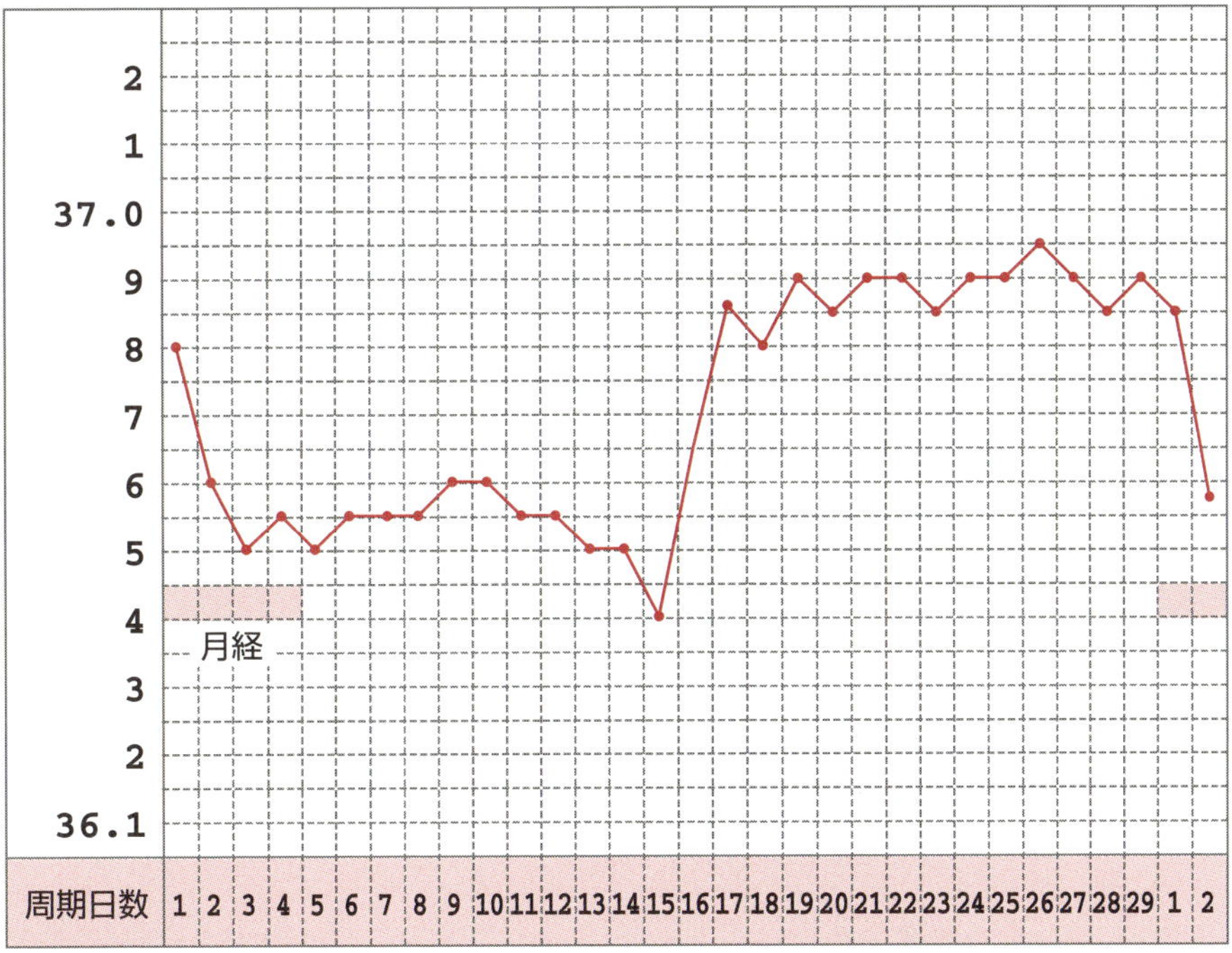

根気がいるが、忘れた日があってもやめずに、6カ月から1年間はつづけよう。

section

2-3

排卵日を知る5つの方法

リズム法――頸管粘液法

頸管粘液の変化で排卵日がわかる

子宮頸管の内側は常に粘液で満たされています。この粘液の量や性質は、ホルモンの働きによって周期的に変化します。頸管粘液法とは、この変化を観察することによって、排卵日を予測する方法です。

頸管粘液の変化が起こるワケ

黄体期には、子宮頸管部は固く閉じて、内側に糊状の濃厚な粘液がたまっています。これは黄体ホルモンの働きによるもので、外部から細菌が子宮内へ侵入するのを防ぐ効果があります。

排卵が近づくと、卵胞ホルモンの量が増加します。卵胞ホルモンは子宮頸管壁の分泌腺から粘液の分泌を促します。それと同時に、粘液の水分含有量を増やすので、頸管粘液は流動性になって量が増えます。また、閉じていた子宮頸管部が開くので、余分な粘液が腟のほうへ流れ出ます。

頸管粘液の変化は1～3期に分けられ（次ページ）、排卵は第3期の最終日か翌日に起こります。

頸管粘液の観察の仕方

排尿の前と終わった後、ティッシュ・ペーパーで陰部をぬぐうか、指を腟にさし入れて付着したものを観察します。毎晩、その日の粘液の状態について記録します。

頸管粘液法の歴史

排卵前の頸管粘液の分泌の変化と、ホルモン、排卵との関係が明らかになったのは1933年以後。粘液の変化によって排卵日を推定し、これを避妊に応用するよう提言したのは、オーストラリアのビリングス博士で1972年以後のことです。

月経周期中の腟の感触と粘液の変化

	月経	1　期	2　期	3　期	2　期	1　期
日　数	5.0	3.5	3.3	3.3	13.5	
腟の感触		乾いている	湿り気	濡れている 滑りがよい	湿り気	乾いている
粘液の性状		粘液なし	少ない 黄色か白色 不透明 粘りあり	多い 卵白状 透明 弾力あり	少ない 不透明 粘りあり	粘液なし

（E.L.ビリングスら＜オーストラリア・1972年＞の指標を示した。

日数は世界保健機関が5カ国の女性687人の6472周期から得た平均値を示す＜1983年＞。）
※月経周期の中ごろになっても粘液が流動性にならずに、分泌量も増えないときは、念のため医師の診察を受ける。

第１期

月経が終わった後の**3**、**4**日間は腟粘膜が乾いた状態で、粘液はない。

第２期

腟は湿り気をおび、少量の粘液が出る。粘液は不透明で黄色く、粘り気がある。

第３期

腟が濡れて滑りがよい。粘液量は最後の日に最も多くなり（ピーク・デイ）、排卵はこの日か翌日に起こる。

第3期の腟粘液

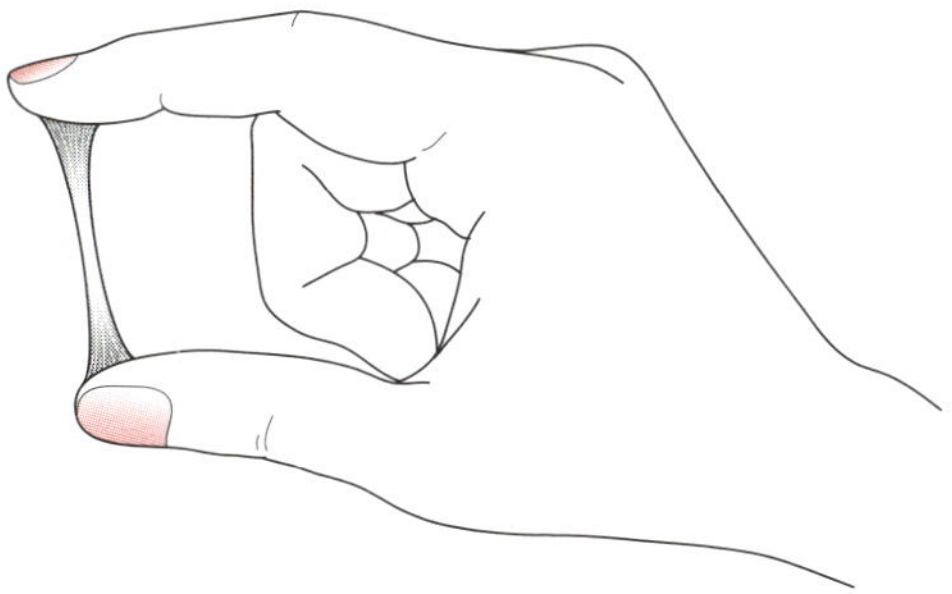

指を腟の奥に入れ、突出している子宮外口から流れ出している粘液を指先にとり、親指と人さし指でつまむ。この指をゆっくり離すと、粘液は糸をひき4～15センチメートルくらいにのびる。

section 2-4

排卵日を知る5つの方法
その他の方法――中間痛・ＬＨ検査法

中間痛
―痛みの後24時間以内に排卵

人によっては、月経と月経の中間のころ、ちょうど排卵の前に当たる時期に、下腹部に痛みを感じることがあります。これを中間痛、または排卵痛といいます。

この痛みがなぜ起こるのか、どこが痛むのか、詳しいことはわかっていません。強く感じる人は6、7％ですが、弱い痛みを感じる人を含めると、約40％の女性が中間痛を感じるといいます。アイルランド・ダブリン大学のオハイリハイ博士らが、この痛みを感じる時期を調査したところ、ほとんどの人が排卵日の直前という結果でした。そのことから、中間痛があると、だいたい24時間以内に排卵が起こると考えられています。

ＬＨ検査法
―市販のキットで尿検査

排卵の時期をいっそう正確に時間単位で知る方法としてＬＨサージ（黄体形成ホルモンの大量放出）を検出する方法があります。

ＬＨサージと排卵との時間関係は55ページの図に示した通りですが、排卵はＬＨサージがピークに達してから15～24時間後、ＬＨサージの開始からでは平均32～38時間後に起こります。

ＬＨの検査は、血液中のＬＨを測定するほうが正確ですが、血液中のＬＨは20分経つと、その半分が尿に出てきます。家庭で簡単にできる尿検査用キットが市販されていますの

オハイリハイ博士の調査
中間痛を感じた女性34人のうち、77％がＬＨピークと同じ日に感じ、97％が排卵以前に感じています。

ＬＨサージの開始時間
早朝から正午までにはじまることが多いようです。
ＬＨ検査法は排卵時刻を正確に知るための測定法のひとつですが、タイミング妊娠法には日単位で排卵日を知るリズム法で十分です。

で、それを利用して排卵の時刻を知ることができます。

あらかじめオギノ式と基礎体温法によっておおよその予定排卵日を決めておき、その2、3日前から毎日尿検査をします。早朝尿と、午後5時から10時までの間の夕方尿を検査します。できれば1日2回検査を行いましょう。検査前に水分をとりすぎると、LHの濃度が薄くなるので注意してください。

排卵日予測は必ず複数の方法で

人によっては、正常にホルモンが分泌され、排卵も起こっているのに、体温が黄体ホルモンに反応せず高温期にならないことがあります。頸管粘液を調べてみるとはっきり変化もあり、LH検査でもLHサージを検出できます。このことから考えても、オギノ式、基礎体温法、頸管粘液法の3方法を並行して記録するのが無難といえます。

尿で排卵日を判定するLH検査法

中間痛があると、もうすぐ排卵

section 3-1

性交のタイミング

まず、予定排卵日を決める

月経周期の記録をとり予定排卵日を推測する

新鮮な卵子と精子が受精するための性交のタイミングを決めるには、予定排卵日を知ることが欠かせません。計画妊娠の6カ月前から月経周期、基礎体温、頸管粘液などの記録をつけましょう。性交日（コンドームで避妊すること）と中間痛の日も記入します。また、風邪など、体調の変化も記入するようにします。これは、基礎体温の上昇が生理的なものか、病気によるものかを判断するために役立ちます。

朝起きたら、基礎体温を測る、排尿前後に頸管粘液の状態を確認するなどを習慣づけ、無理なく記録をつづけることが大切です。

3方法を併用して確率の高い予定排卵日を決める

月経周期の記録データをもとに、予定排卵日を推測します。オギノ式（月経周期の日数から14日を差し引いた日）・基礎体温法（低温期の最終日）・頸管粘液法（ピーク・デイまたはその翌日）の3方法を併用して、周期ごとに予定排卵日を推測していきます。

予定排卵日を決定したら二重丸を記入します。もし、排卵日を1日に絞ることができない場合は、最も確率の高いと思われる日に二重丸、次の候補に一重丸を記入します（次ページ図）。約6カ月間、記録をつけていくと、頸管粘液の変化から、排卵日が大体推測できるようになります。

月経記録をとる前に月経周期を正常に戻す

経口避妊薬（日本で認可されているのは低用量ピル）を使用している場合、計画妊娠の少なくとも1カ月前には使用を止め、コンドーム避妊に切り替えます。これはピルによってつくられた排卵のない人工的な月経周期を排卵を伴う正常周期に戻すためです。これによって、脂肪組織に残留していたピルのホルモンも一掃することができます。

月経周期の記録

200X年																
月	7															
日	6	7	8	9	10	11	12	13	14	15	16	17	18	19	20	21
週	木	金	土	日	月	火	水	木	金	土	日	月	火	水	木	金
粘液 3期													○	○	◎	
粘液 2期										○	○	○				○
粘液 1期					○	○	○	○	○							
月経	○	○	○	○	△											
周期日数	1	2	3	4	5	6	7	8	9	10	11	12	13	14	15	16
予定排卵日															◎	○
性交日						⊗			⊗					○	○	
備考															中間痛	

200X年															
月											8				
日	22	23	24	25	26	27	28	29	30	31	1	2	3	4	5
週	土	日	月	火	水	木	金	土	日	月	火	水	木	金	土
粘液 3期															
粘液 2期	○	○	○												
粘液 1期				○	○	○	○	○	○	○	○	○	○		
月経														○	○
周期日数	17	18	19	20	21	22	23	24	25	26	27	28	29	1	2
予定排卵日															
性交日			⊗				⊗				⊗				
備考															

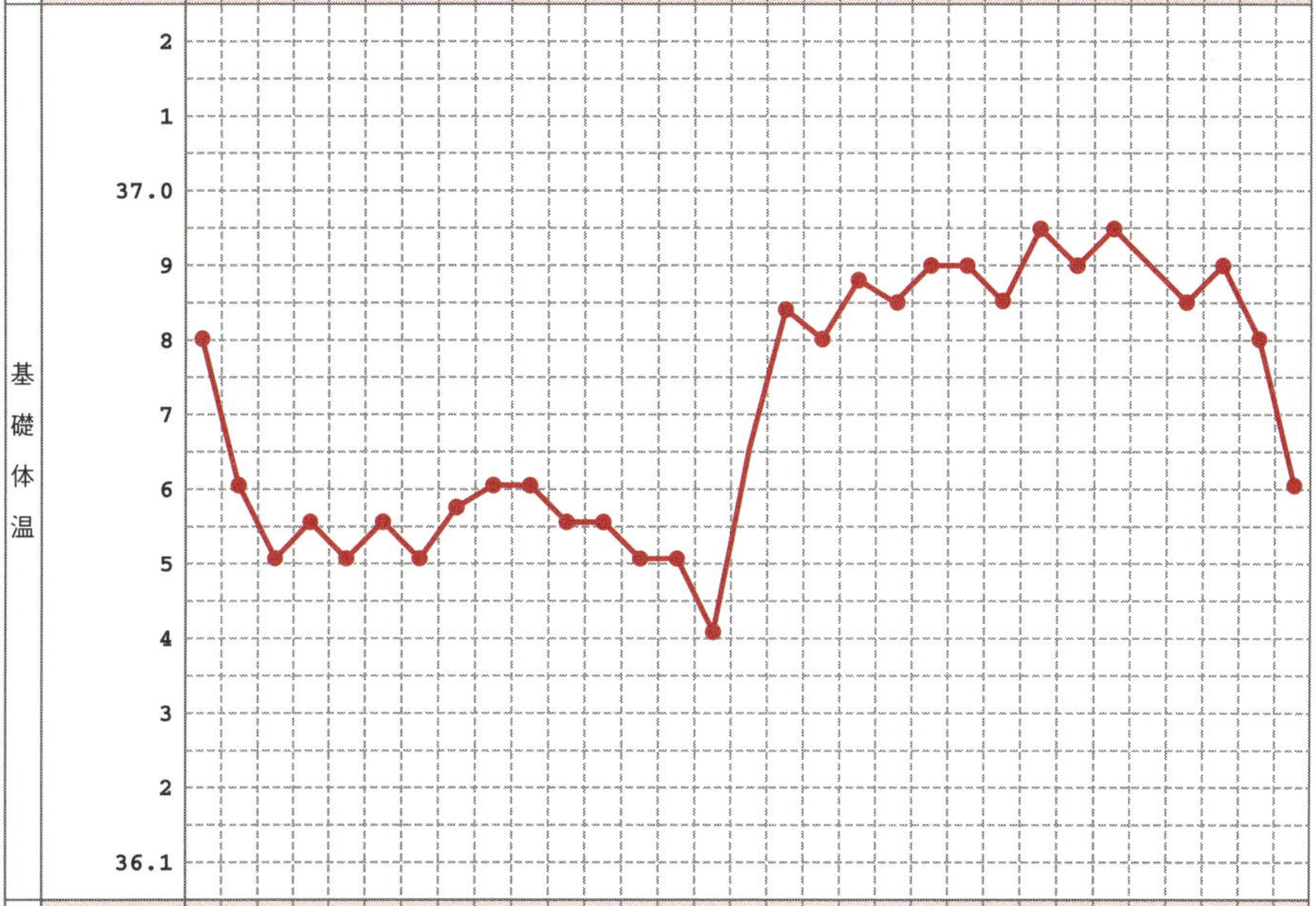

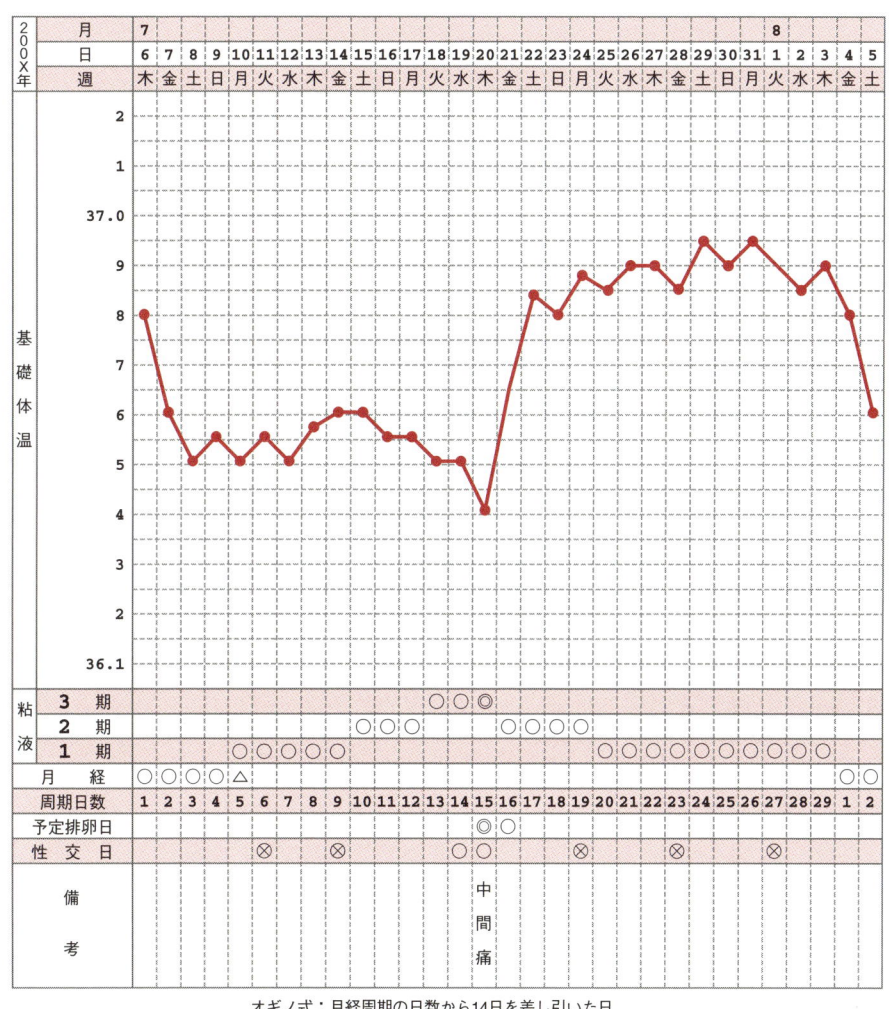

オギノ式：月経周期の日数から14日を差し引いた日
基礎体温法：低温期の最終日
頸管粘液法：ピーク・デイまたはその翌日

上記の3方法の記録からも排卵日の予測がつかない場合や、排卵時刻をより正確に知りたい場合は、尿のLHを調べるとよい（詳しくは64ページ）。

section

3-2

性交のタイミング

男性は、排卵日に向けて4日間禁欲

元気で新鮮な精子を蓄える

健康な赤ちゃんをつくるためには、元気で新鮮な精子を蓄える必要があります。女性側の精子の受け入れ体勢が万端だとしても、男性側の精子の数が少なかったりすると、妊娠の確率は下がってしまいます。そればかりか、流産や障害のある子を出産する原因となったりもします。性交のタイミングにとどまらず、精子の質にも気を使うことが大切です。

妊娠を目的とした性交を行うときは、少なくとも本番の4日前から性交やマスターベーションを避け、精子数を正常値まで回復させましょう。射精によって減少した精子数が正常値まで回復するには、およそ3日半かかるためです。

●4日間禁欲すると、精子数が正常値まで回復

男性は性交日に向けて4日間は禁欲を！

1日につくられる成熟精子の数は、正常値の50％

R・M・レヴィンらは、18～25歳の健康な青年12人の精液を21日間1日1回採取し、精子数を調べる実験を行いました（1986年）。この結果を、4日以上禁欲したのちに採取した精液の精子数を正常値として、これと比較したパーセント値で表わし報告しました。

1回に放出される総精子数は、最初の4日間で正常値の約50％まで減少し、その後50％前後で一定しました。この結果より、1日で精子がつくられる数は正常値の約50％であることがわかりました。また、射精回数が1日1回以上だと、精子の数は正常値の50％以下になり、未成熟な精子が多くなることもわかりました。これは異常胚の原因となり、流産したり、障害のある子の出産につながります。

●1日1回射精すると…

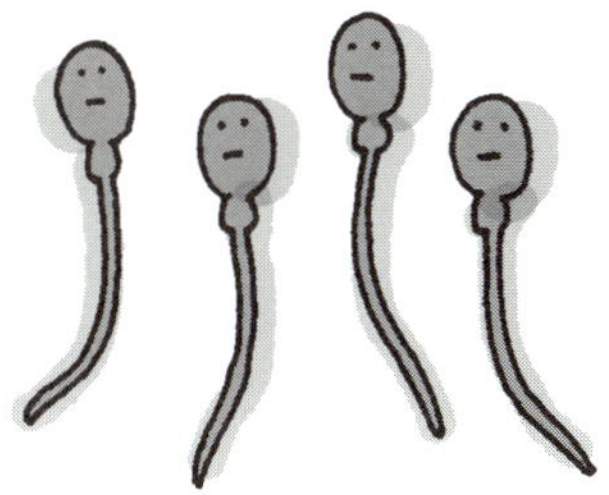

精子数は正常値の50％に減少

●1日1回以上射精すると…

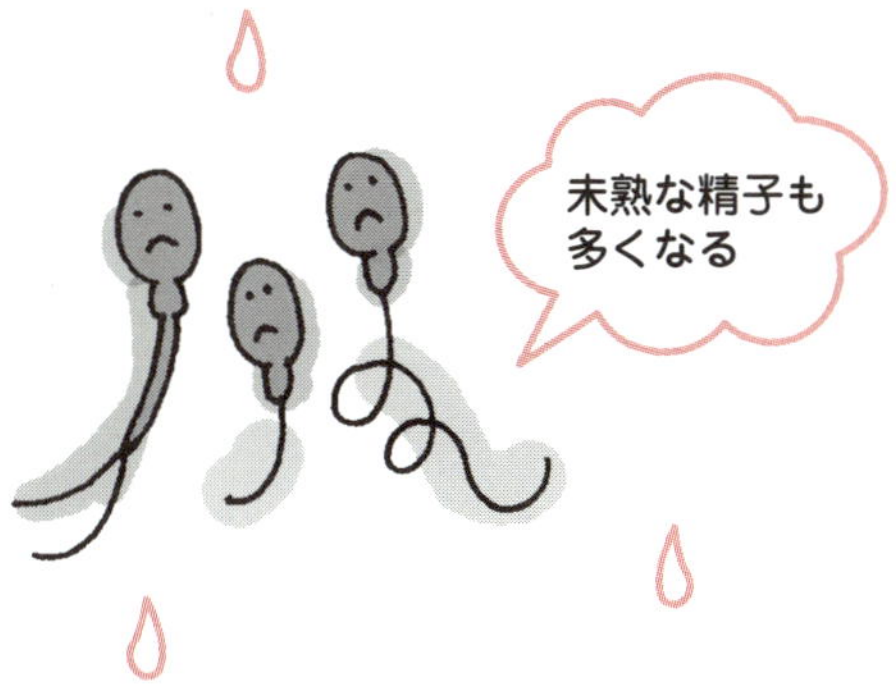

精子数は正常値の50％以下に減少

section 3-3

性交のタイミング
性交は、予定排卵日前日と当日の2回

性交は予定排卵日前日に1回、または前日と当日の2回

3方法により予定排卵日の予測がつき、精子の数も正常値まで回復したら、次は性交のタイミングです。

妊娠率は予想排卵日の前日に性交したときが最高で、予想排卵日当日の性交による妊娠率はそれより低くなります(次ページ図)。よって、性交は予定排卵日前日に1回、または前日と当日の2回行います。それでもなお基礎体温が上がらない場合は、それ以上性交をつづけないで、妊娠計画を次の周期に延期するようにします。

もちろん、妊娠を目的とした性交を行う周期は、月経終了から禁欲するかコンドームを使って避妊します。これは老化精子に卵子が先取りされることを防ぐためです(46ページ)。また、遅くとも本番の4日前から禁欲して、精子を十分に蓄えます。

妊娠率は排卵日の前日が最も高いワケ

排卵日前日性交の妊娠率が高い理由は、射精された精子群の中の元気な精子が、少なくとも48時間は射精時と同じ状態で貯蔵所に蓄えられるためです。つまり、予定排卵日の前日に性交すれば、翌日排卵する卵子はもとより、仮に排卵が1日遅れても、卵子はすべて排卵直後の新鮮な状態で元気な精子と受精できます。

また、排卵日前日と排卵日の2回性交した

場合は、仮に排卵日の性交が排卵の後になっても、その時点で卵子はすでに前日性交による精子と受精しているため老化卵子が受精することはありません。そして運がよければ、とびきり新鮮な精子と受精して、優秀な子が生まれる可能性もあります。

予定排卵日当日の性交では卵子が老化する可能性がある

排卵は予定排卵日の未明から午後の深夜までの間のいつ起こるかわかりません。そのため、予定排卵日だけ性交すると、性交が排卵の後になることが多くあります。しかも、射精された精子が受精能力を獲得するには、女性の体内に入ってから約2～3時間かかるため、受精はますます遅れてしまいます。その間に卵子の多くは老化していき、この老化卵子が受精すると、オカルト妊娠になったり、ダウン症のような先天異常のある子が生まれたりします。

しかし、精子は女性の体内に貯蔵されるため、予定排卵日前日に性交しておけば、まず安心です。

●排卵前後の性交による妊娠率の比較

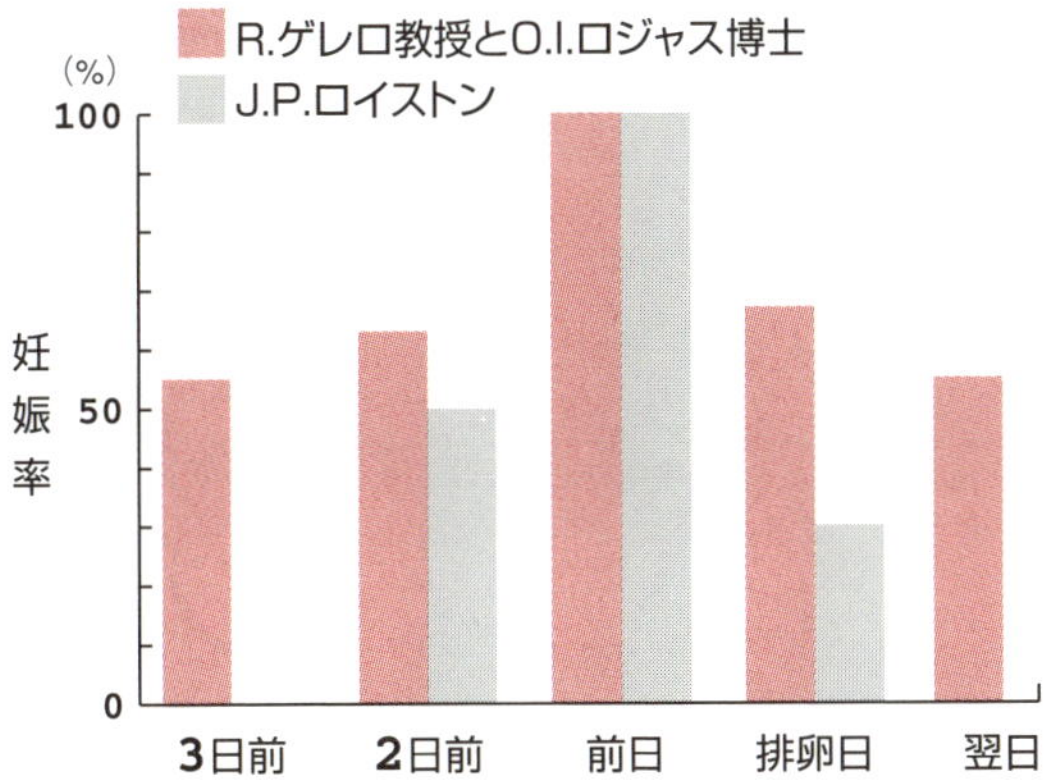

R.ゲレロ教授とO.I.ロジャス博士の報告（コロンビア・1975年）と、英国医学研究センターの統計学者J.P.ロイストン（イギリス・1982年）の報告では、どちらも妊娠率は排卵日前日性交が最高であった。排卵日性交による妊娠率の順位はゲレロらの結果では2位であったが、ロイストンの結果は3位、すなわち2日前性交より低かった。

（図は最高値を100%として、ゲレロとロジャス、ロイストンが調査した排卵前後の性交による妊娠率を比較したもの。）

●性交のタイミング

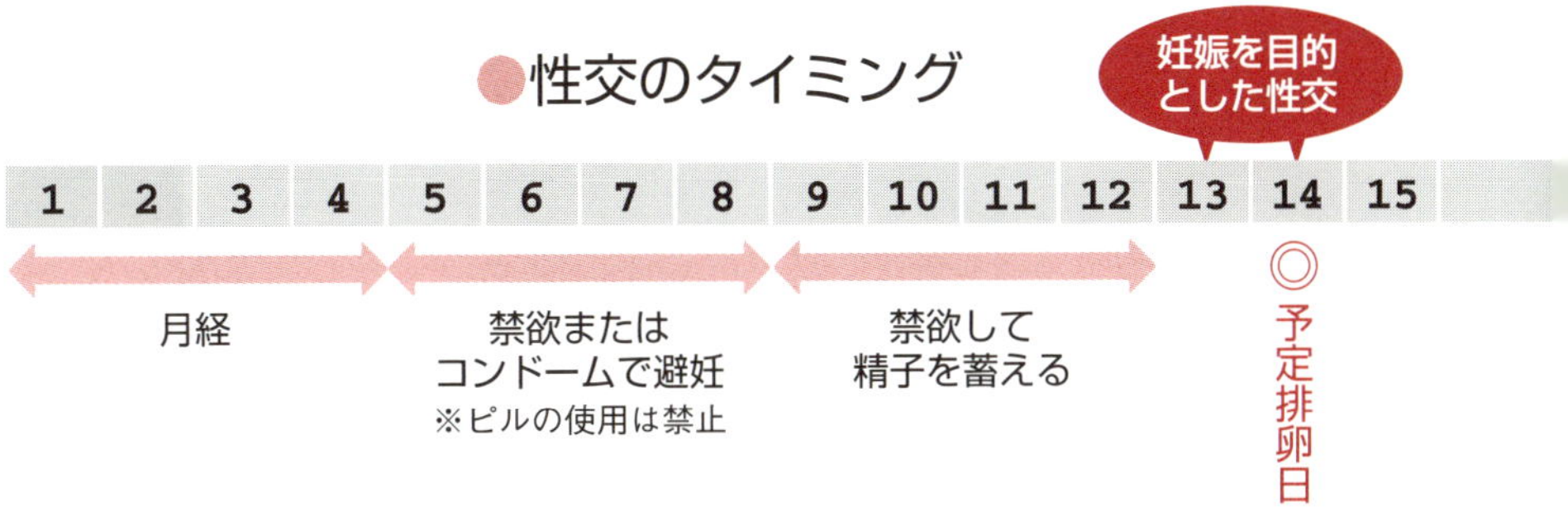

section

4-1

妊娠の可能性アップのポイント

オルガスムで妊娠率アップ

強い性的刺激はＬＨサージを促す

ウサギ、ネコ、ミンクは交尾したときだけ排卵するので、「交尾排卵動物」といいます。これに対し、人間をはじめとしてサル、牛、羊、ネズミなどほとんどの哺乳動物は「自然排卵動物」といって、交尾による刺激がなくても性周期のほぼ決まった時期に排卵します。

交尾排卵動物のメスでは、オスとの接触によって起こる性的興奮、興奮の頂点であるオルガスムの刺激、さらに交尾による膣への接触刺激、これらの興奮や刺激がすべて視床下部を刺激して、下垂体からＬＨサージを引き起こします（次ページ図）。

たとえば、メスウサギには性周期がなく、卵胞が次々に発育して十数個の成熟卵胞が常に待機状態となっています。そして、いつでもオスの交尾を受け入れることができます。交尾すると激しく興奮し、それがＬＨサージを促して約12時間後に排卵します。常に新鮮な精子と卵子が受精する、とても効率のよい繁殖法といえます。

オルガスムは排卵を早めて受胎率を高める

一方、自然排卵動物は卵胞期の終わりに自動的に排卵が起こります。しかし外部から強い性的刺激を受けても排卵日以外は排卵しないかというと、必ずしもそうとはいいきれません。排卵日の数日前でも強い性的刺激があれば、ＬＨ分泌が増加し、排卵することがサ

オルガスムは生理不順対策のひとつ

生理不順の主な原因には、運動不足、生活リズムの乱れ、さまざまなストレスなどが挙げられます。

規則正しい生活、ストレスのない生活を心がけても、実行するのはたやすいことではありません。しかし、生理不順対策として手軽な方法があります。性交時にオルガスムを高め、ＬＨサージを促すことです。

それでも基礎体温グラフが正常にならない場合は、医師の治療を受けてください。

ルやネズミ、羊で証明されています。

人間の場合についてはまだわかっていませんが、他の哺乳動物の調査結果から、オルガスムがあれば予定より早く排卵が起こる可能性が十分あると考えられます。その結果、受胎率を高めることになります。

オルガスムは卵巣内卵子の老化を防ぐ

オルガスムには受胎率アップのほかに、もっと大切な効果があります。卵巣内にある卵子は排卵が遅れると老化してしまいます。オルガスムは排卵を早めることによって、卵子の老化を防ぎ、先天異常のある子の出産や流産を防ぐ効果があります。

●オルガスムは排卵を促す

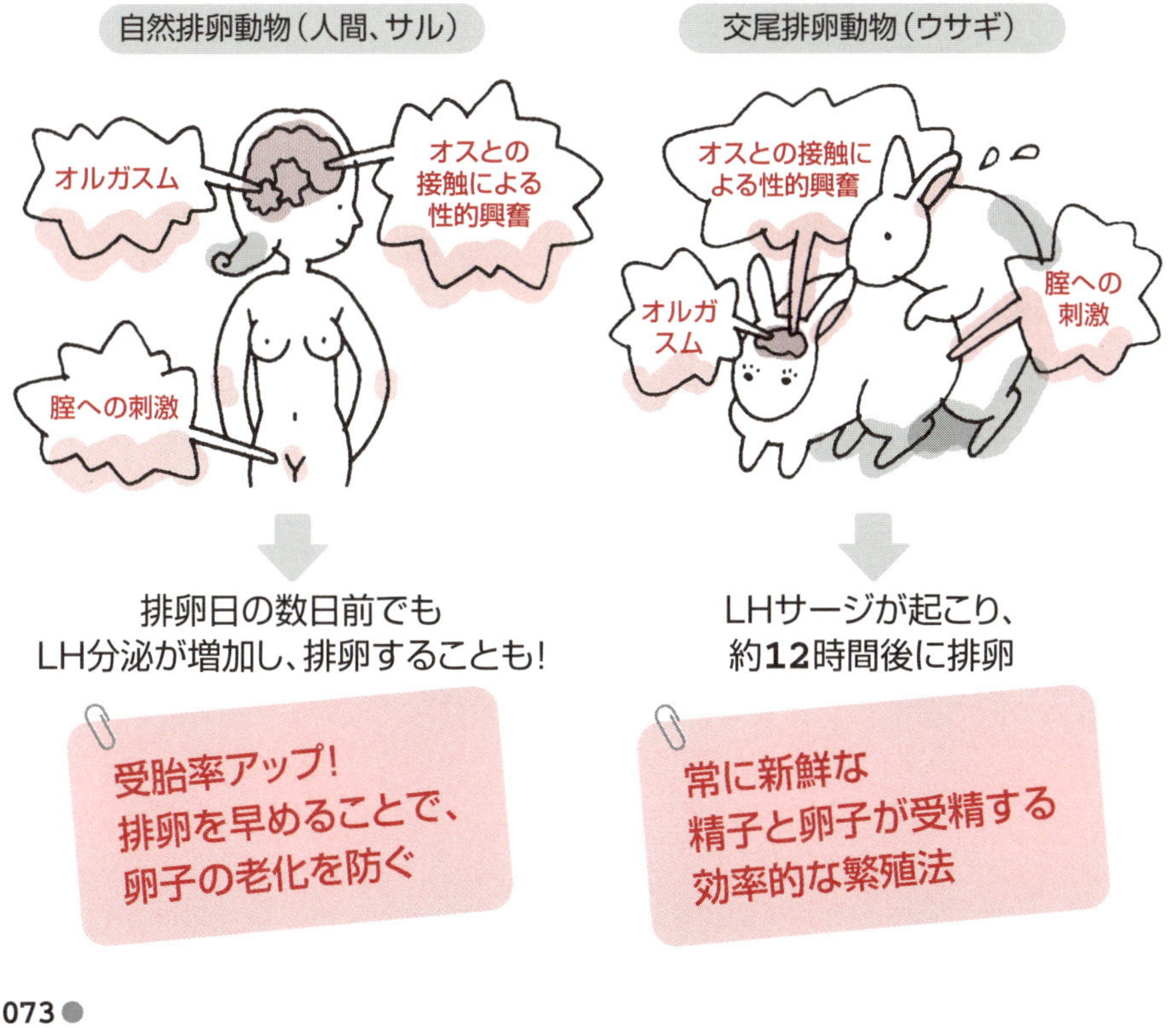

section

4-2

妊娠の可能性アップのポイント

前戯とムードづくりで妊娠率アップ

性的刺激は2つの経路で伝わる

性的刺激の伝わり方には2種類あることがわかっています。ひとつは、まず大脳に伝わって大脳から視床下部の性中枢に伝わる経路です。もうひとつは大脳を経由しないで直接視床下部の性中枢に伝わる経路です。

人間は周囲の環境がつくりだすムードによっても性的刺激を受けます。ムードや前戯から受ける感覚刺激は大脳に伝わり、さらに大脳から視床下部に伝わって性中枢を刺激します。それと同時に前戯は大脳を経由しない経路で伝わって、直接、性中枢を刺激します。

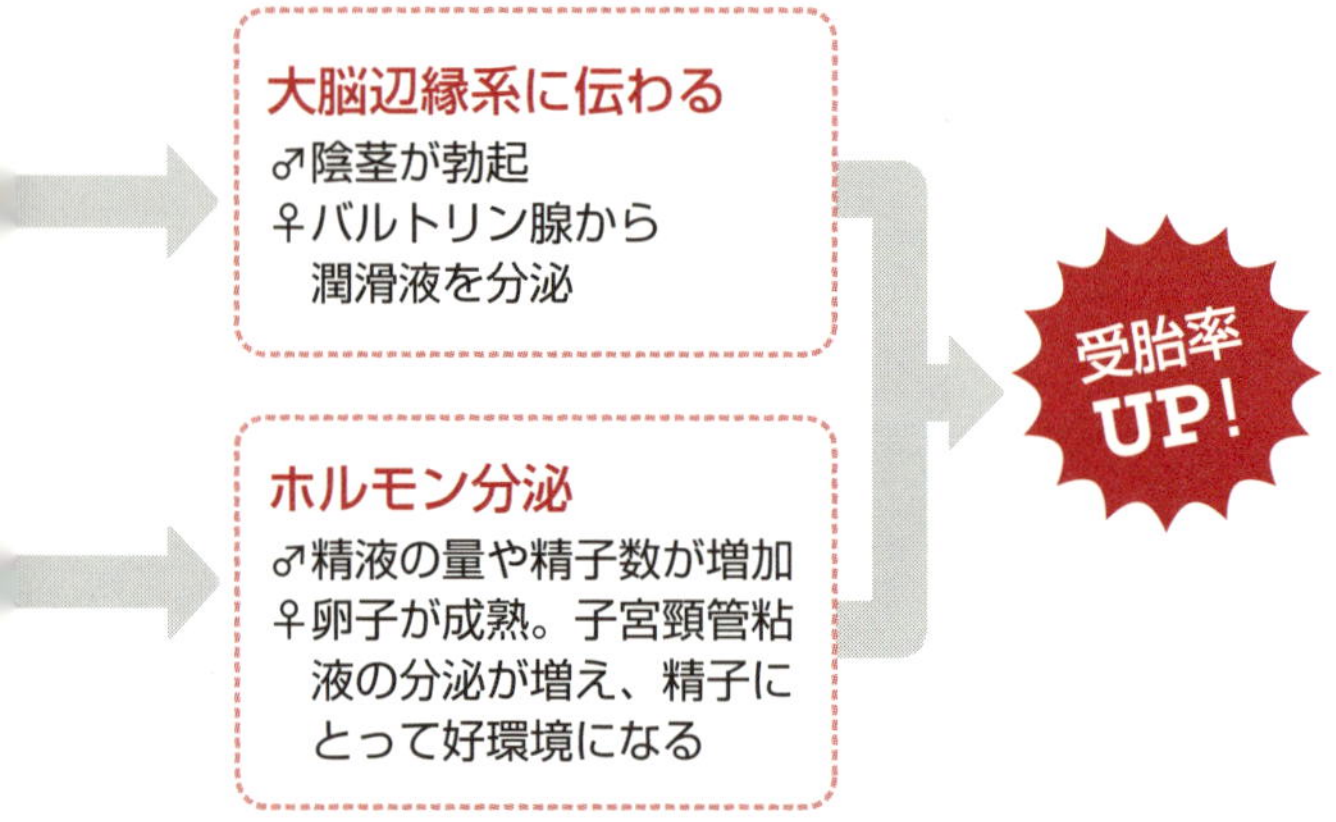

タイミング妊娠法とオルガスム

月経周期の中ごろには、発育した卵胞から卵胞ホルモンの分泌が増加してＬＨサージを引き起こします。それだけでなく卵胞ホルモンは、視床下部の性中枢の感受性を高めます。ということは、月経周期の中ごろ、排卵の時期に性交すると、他の時期に比べてオルガスムに達しやすいということです。そういう意味で、タイミング妊娠法はオルガスムに達しやすい時期に性交をする方法であり、妊娠率を高めます。

前戯とムードづくりで二重の効果

この2つの経路によって刺激された性中枢の興奮は大脳辺縁系に伝わります。ここで性欲が刺激され、抱擁のような性行動とともに、男性では陰茎勃起、女性ではバルトリン腺から愛液（潤滑液）を分泌するといった性反応が起こります。さらに性中枢の興奮は、同じ視床下部にある性腺刺激ホルモンの中枢を刺激し、ホルモンの分泌を促進します。女性では、FSH（卵胞刺激ホルモン）やLH（黄体形成ホルモン）の増加が卵胞の発育をいっそう促し、卵胞内の卵子の成熟をすすめます。卵胞ホルモンの分泌も増加し、その刺激によって子宮頸管粘液の分泌が増え、頸管内の環境は精子にとって好ましい状態になります。男性では、男性ホルモンの分泌が増加して、精液の量や精子数が増えます。

前戯やムードづくりにはこのような効果があるため、妊娠率を高くするのです。

性的刺激が伝わると妊娠率がアップ

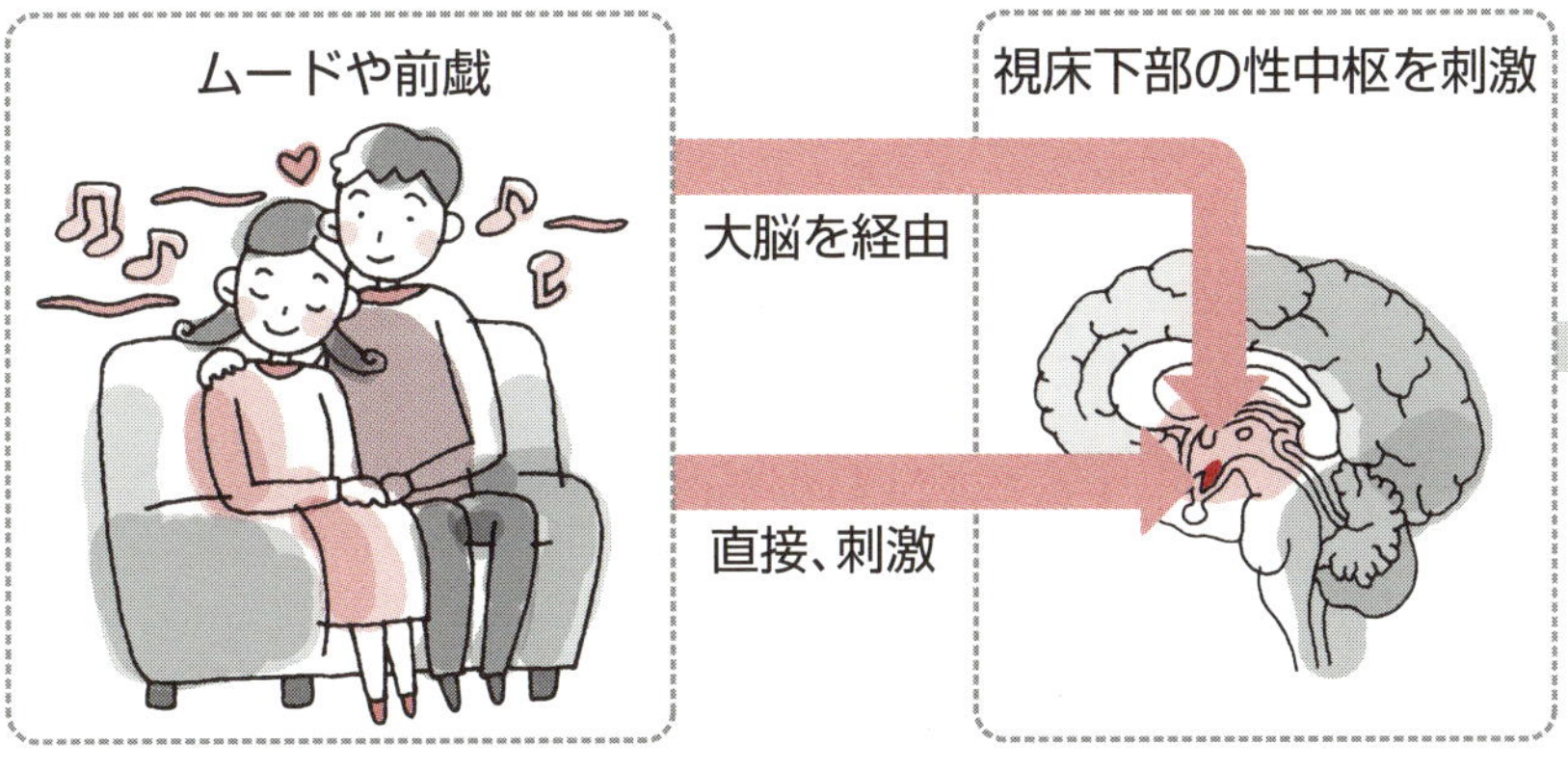

前戯は妊娠率を高める

前戯によって妊娠率が高まることが、動物実験で明らかになっています。

発情しているメス豚の腰を手で押さえると、その約半数は逃げないで交尾体勢をとります。この手押し法によって発情メスを選別します。

また、精管を糸でくくって精液が出ないようにしたオス豚に発情メス豚を発見させます。オスは発情メス豚を見つけると、入念な前戯をしたうえで、メスの背に乗りかかります。このときメスが発情していれば、オスが乗りかかるのを許します。

この2つの方法を使って選んだ発情豚を人工授精させたところ、前戯なしの手押し法の発情メス豚は58％が妊娠したのに対し、オスが前戯を行って選び出した発情メス豚は76～85％が妊娠しました。これは前戯によって妊娠率が20～30％高くなることを示しています。

Column

新婚インポテンツを防ぐために

イヌやネコのメスは大脳をすべて切り取っても、本能を支配する視床や大脳辺縁系が残っていればこれまで通りホルモンを分泌し、発情が起こって交尾します。しかし、オスは大脳を除くと、性ホルモンは正常に分泌しているにもかかわらず、交尾不能となり、いわゆるインポテンツになります。このように動物のオスのセックスは大脳の支配に依存する比重が大きく、メスのセックスはホルモンによる支配が大きいのです。

たとえばオスウサギをメスウサギの飼育箱に入れると、オスは不慣れな環境に驚いて交尾しません。反対にメスウサギをオスウサギの飼育箱に入れると、オスはただちに交尾をはじめ、メスはこれを喜んで受け入れます。

大脳が発達している人間の場合は、女性の性行動も大脳に支配される度合いが大きいのですが、やはり男と女の性本能には動物としてのオス・メスの違いが潜在しています。青年がはじめての性体験で生殖器の大きさとか、性交の不手際などについて相手の女性に侮辱されると、生涯セックス不能になることがあります。新婚初夜に妻が夫をダメ男と非難したばかりに、本当にダメ男となってしまうことも珍しくありません。これを新婚インポテンツといい、最近増えているため社会問題になっています。

女性は、大脳に支配される男性の性行動をよく心得て、冗談にせよ男性の性を侮辱するようなことは慎みましょう。

Chapter 5

ミスタイミング妊娠をしないための避妊法

妊娠するために避妊する――というと意外かもしれませんが、
タイミング妊娠法では、老化した精子が受精することを避けるために、
避妊が大切な役割を担っています。
コンドームやペッサリー、低用量ピル、IUDなどで、
性交のタイミング日以外は確実に避妊をしましょう。

section

1-1 コンドーム

リズム法と組み合わせた避妊法

リズム法の「不妊期」でも必ず避妊を

タイミング妊娠法で大切なのは、老化精子の受精を避けるために、タイミング性交以外の性交では、妊娠しないように必ず避妊することです。避妊法は、オギノ式などのリズム法（58〜63ページ）を基本とし、これと禁欲またはコンドームによる避妊を組み合わせます。

リズム法で失敗する最大の原因は、受胎期（危険期）だけ避妊し、その前の不妊期（安全期）を言葉通り安全であると信じて避妊しないことです。リズム法でいわれる排卵前の不妊期でも、性交すると妊娠することがありますので（16ページ）、他の避妊法と組み合わせて確実に避妊をしましょう。オギノ式では月

●ミスタイミング妊娠を避けるために

リズム法でいわれる「不妊期」でも、性交すると妊娠することがある。また、女性体内の貯蔵所に蓄えられ、老化精子となってオカルト妊娠の原因となる。

オギノ式　月経終了後から約**15**日間、避妊

基礎体温法　高温期の**3**日目まで避妊

頸管粘液法　**3**期が終わって次の**2**期の**3**日目まで避妊

経終了後から約15日間避妊をつづけます。基礎体温法では高温期の3日目まで、頸管粘液法では3期が終わって次の2期の3日目まで避妊をします。避妊には精子の進入を防ぐコンドームが適しています。

コンドームによる避妊

日本では避妊をしている夫婦の7、8割がコンドームを使っています。医師の指導を受ける必要がなく、自由に入手でき、副作用がなく、性感染症を防止できるという利点があります。性感が多少損なわれるという欠点もありますが、日本製コンドームは薄型で強靱に改良されており、ピンホールもなく安全です。

コンドーム避妊による失敗の原因は、使用中コンドームがはずれたり、射精後、陰茎が萎縮するなどしてコンドーム内の精液が漏れることです。はずれを防ぐには、コンドームにもS、M、Lのサイズがあるのでサイズに合うものを選ぶことと、行為が終わったら陰茎が萎縮する前に取り外すように心がけることです。

精液漏れを防ぐコンドームの装着法

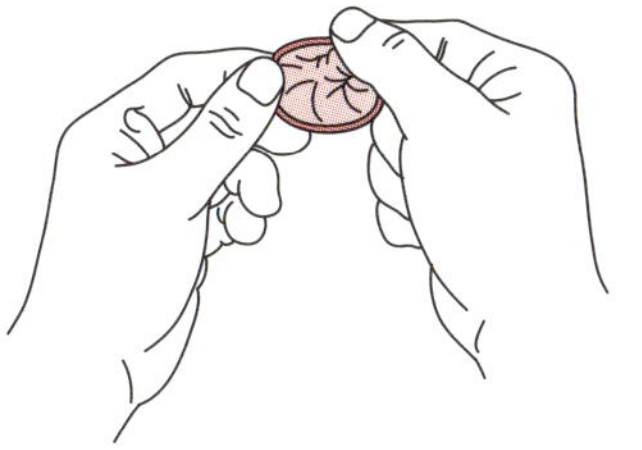

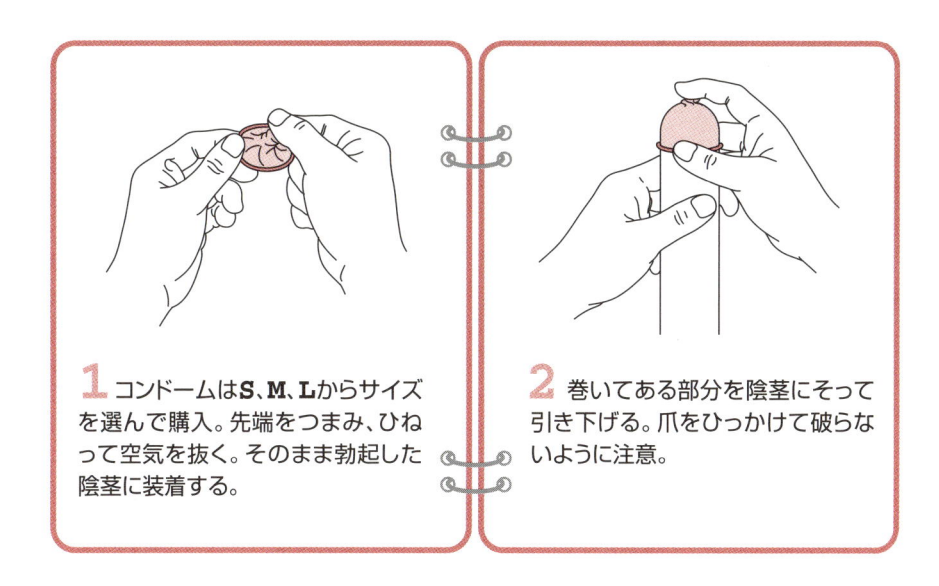

1 コンドームは**S**、**M**、**L**からサイズを選んで購入。先端をつまみ、ひねって空気を抜く。そのまま勃起した陰茎に装着する。

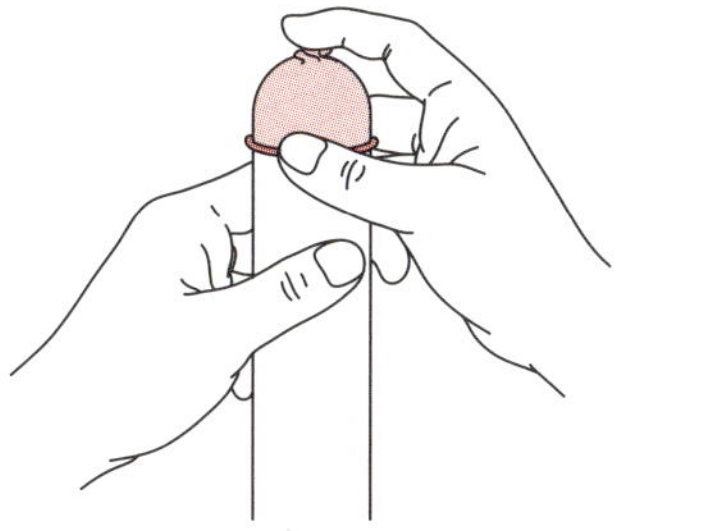

2 巻いてある部分を陰茎にそって引き下げる。爪をひっかけて破らないように注意。

- 性交後、陰茎が萎縮する前に取り外して、精液漏れを防ぐ。
- **2**度目の性交のときは、新しいものにつけ替える。

section

1-2

リズム法と組み合わせた避妊法

ペッサリー・殺精子剤

ペッサリーによる避妊

ゴム製か柔らかい合成樹脂製で帽子の形をしており、子宮外口にかぶせ、ふちの金属製スプリングの張力によって固定します。医師などに子宮外口のサイズを測ってもらい、自分に合ったものを選んだうえで、挿入方法を教わります。保健所に問い合わせると、詳しい相談に応じてくれます。

ペッサリーは殺精子剤のホルダーだと考えて、必ず内面に避妊用ゼリーまたはクリームを塗って使います。ゼリーを単独で使用すると流出しやすいのですが、ペッサリーがあることで流出を防ぎ殺精子効果を高めます。避妊効果は、ペッサリーの防壁効果と、避妊用ゼリーなどの殺精子効果によって100%となります。使用後はそのままにしておき、翌日取り出して洗浄し、乾燥させて保存します。

殺精子剤による避妊

殺精子剤は、ゼリー剤、クリーム剤、発泡性錠剤（ネオ・サンプーン®）、エアロゾールなどがあります。

ほとんどの殺精子剤には界面活性剤が使われています。近年、奇形を誘発したり、遺伝子を傷つける疑いが報告されていますが、長年殺精子剤を使っている先進国では問題にはなっておらず、はっきりしたことはわかっていません。用心のためにタイミング妊娠法を実行する周期だけは殺精子剤の使用を避け、コンドームを使用しましょう。

ペッサリーの挿入のしかた

ペッサリーは性交前に避妊用ゼリーかクリームを塗って、子宮外口にかぶせる。ペッサリーのほかに、同じ使い方をする頸管キャップがある。

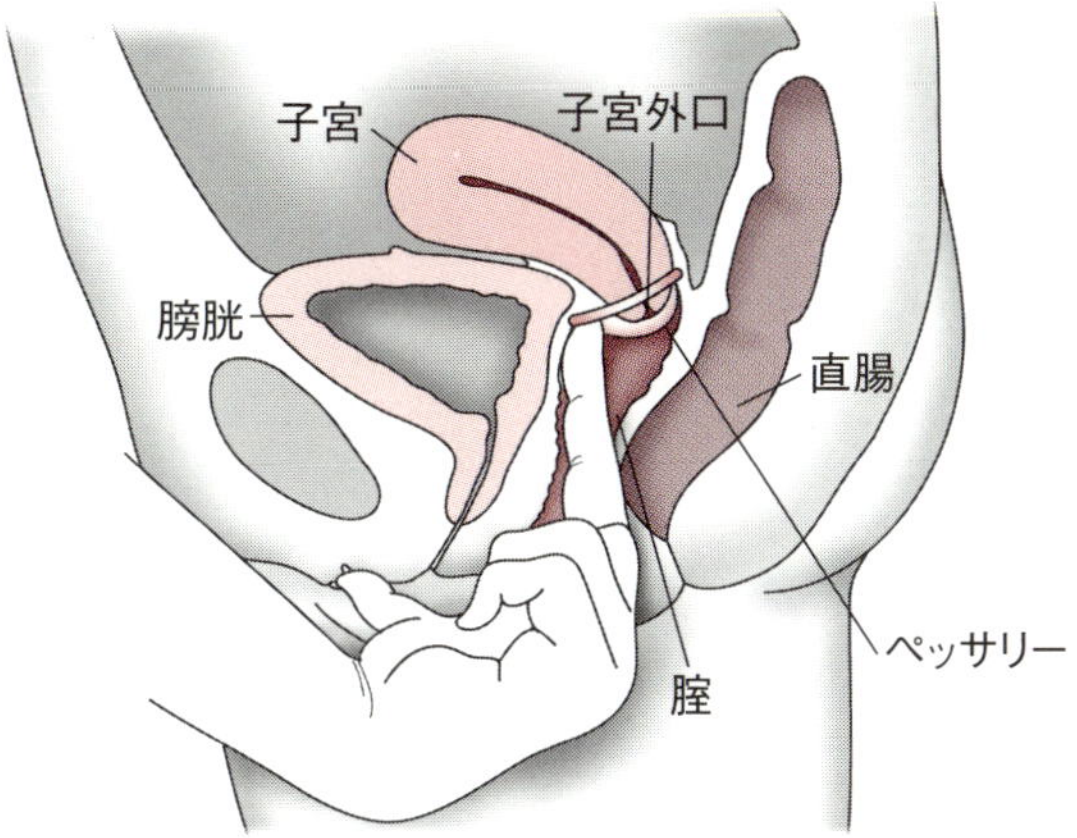

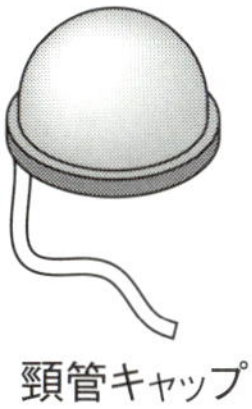

殺精子剤の挿入のしかた

殺精子剤は薬局で手に入り、効き目は1時間程度。
子宮の入り口付近に入れると泡がでて、精子の活動を止める。

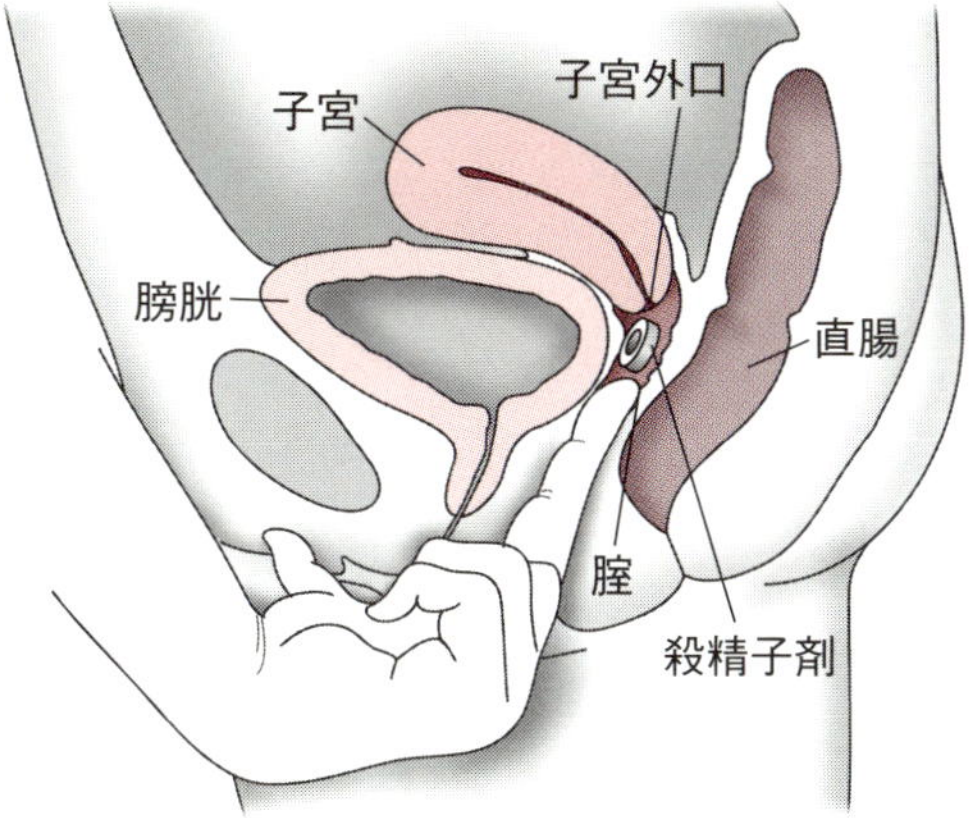

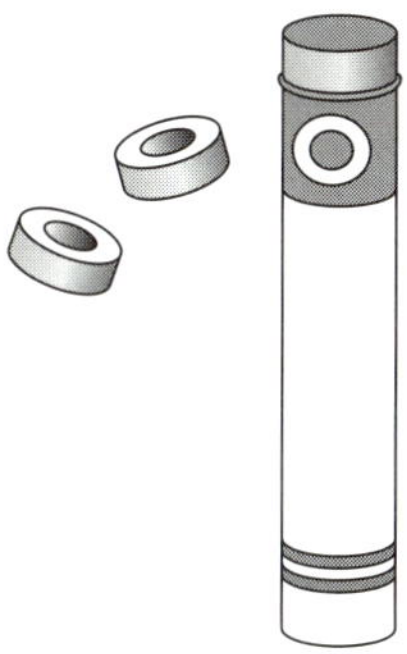

section 2

その他の避妊法 ピル・IUD

低用量ピル（経口避妊薬）による避妊

ピルは合成卵胞ホルモンと合成黄体ホルモンを使った避妊薬で、この2つのホルモンが排卵をなくしたり、受精卵の発育を抑えたり、受精卵の着床を妨げたりして100%の避妊効果を発揮します。日本で認可されている低用量ピルは、副作用を抑えるためにホルモン量を減らし、ホルモンの改良を重ねたものです。ホルモン量を抑えた分、不正出血が起こりやすくなっていますが、3〜6周期使用するとほとんどなくなるので心配はいりません。

ピルは産婦人科を受診して処方してもらいます。低用量ピルではホルモン量を最小限度まで減らしてあるので、1日でも飲み忘れる

ピルの服用法の一例

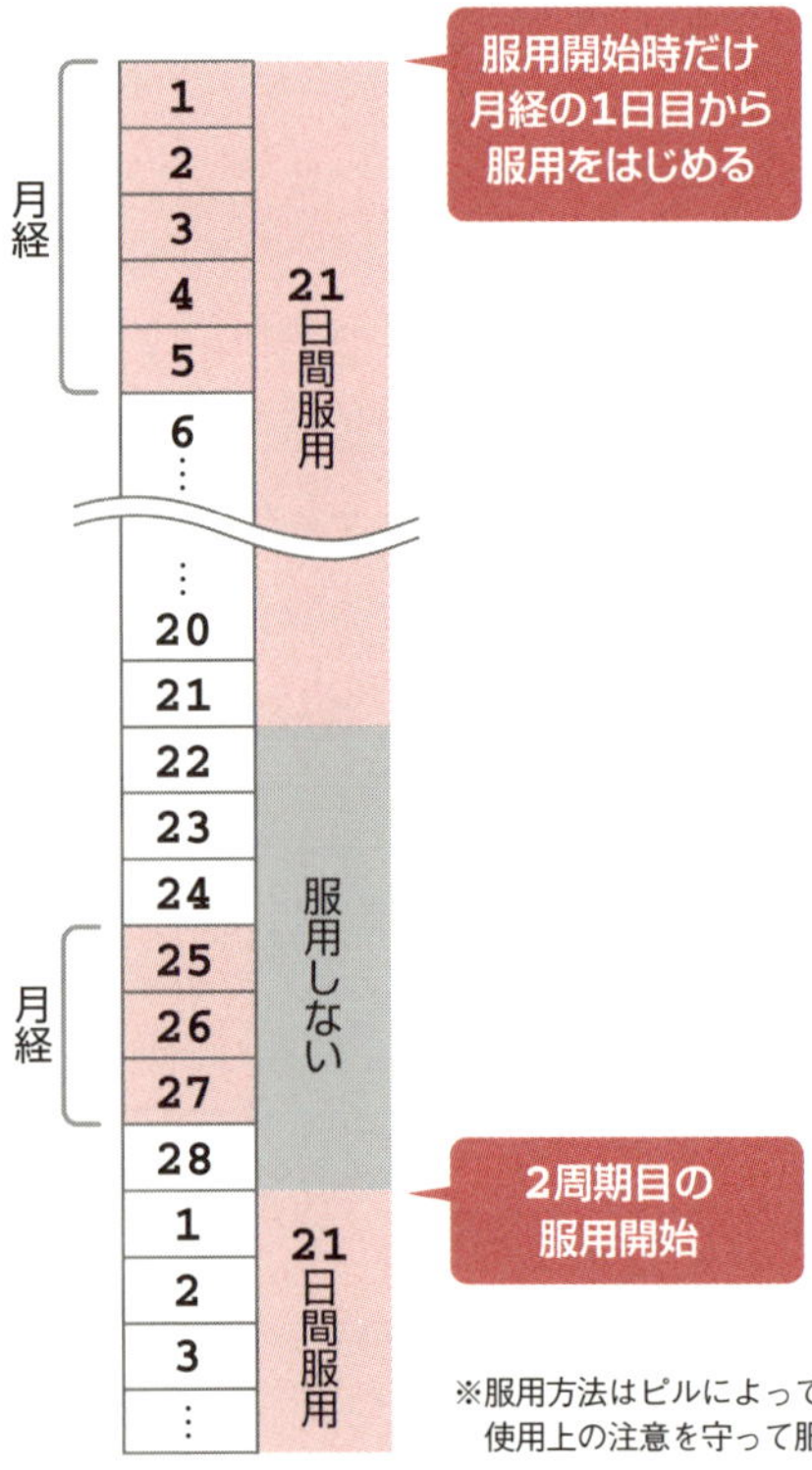

※服用方法はピルによって異なる。
使用上の注意を守って服用する。

とまれに妊娠することがあります。使用上の注意をよく守って服用してください。

ＩＵＤ（子宮内避妊器具）による避妊

ＩＵＤは避妊の目的で子宮内に挿入する器具で、さまざまな型があります。装着は医師にしてもらい、その後1年間指定された時期に検診を受ければ、少なくとも5年間は１００％近い避妊効果が望めます。

ＩＵＤに適応する女性は7割程度で、出産後から次の妊娠までの避妊とか、予定の子づくりを終えた後の避妊に適しています。出産経験のない女性、子宮外妊娠の経験がある女性、子宮の形に異常が認められる女性、頸管無力症の女性などには向きません。

はじめて挿入した人の約1割が外れてしまうので、再び医師に装着してもらいます。副作用として月経過多、不正出血、出血に伴う腰痛、下腹痛があり、月経量はそれまでの1・5～2倍に増えます。2、3カ月で副作用の症状は消えますが、症状が重いときはＩＵＤを取り除くことになります。

●IUDの装着

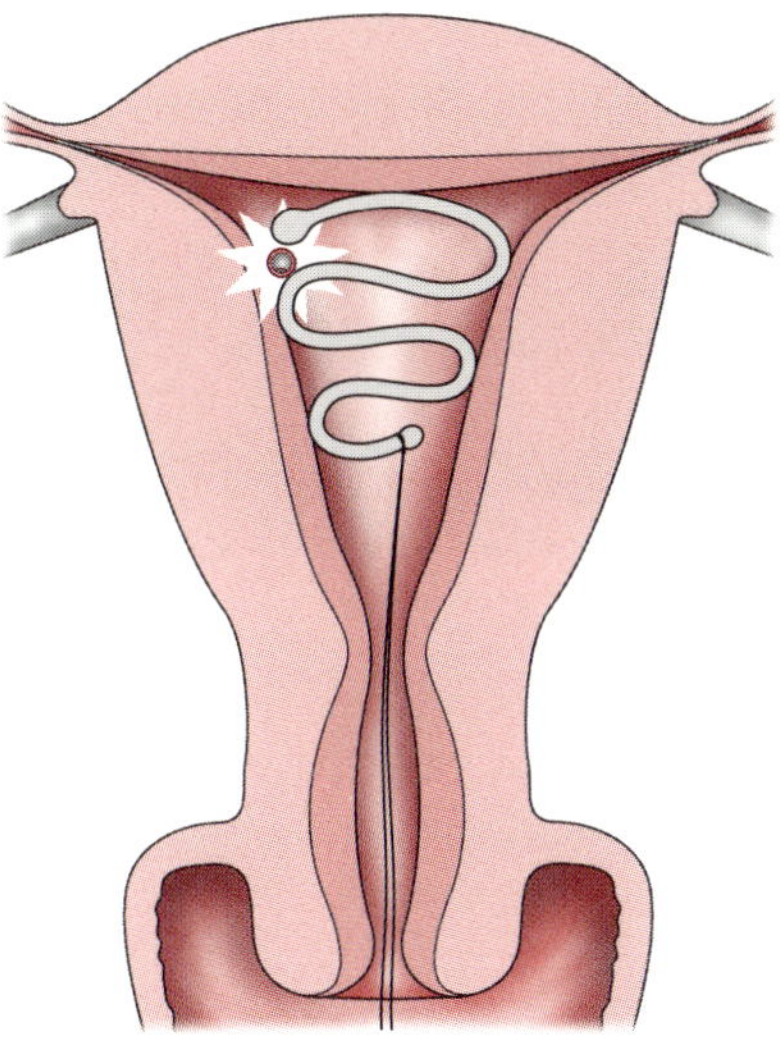

IUDを子宮に入れると、受精卵が着床できなくなる。IUDの糸の先を膣内に残すように装着すると、指で糸を触って装着を確認できるので便利。

●IUDの種類と装着図

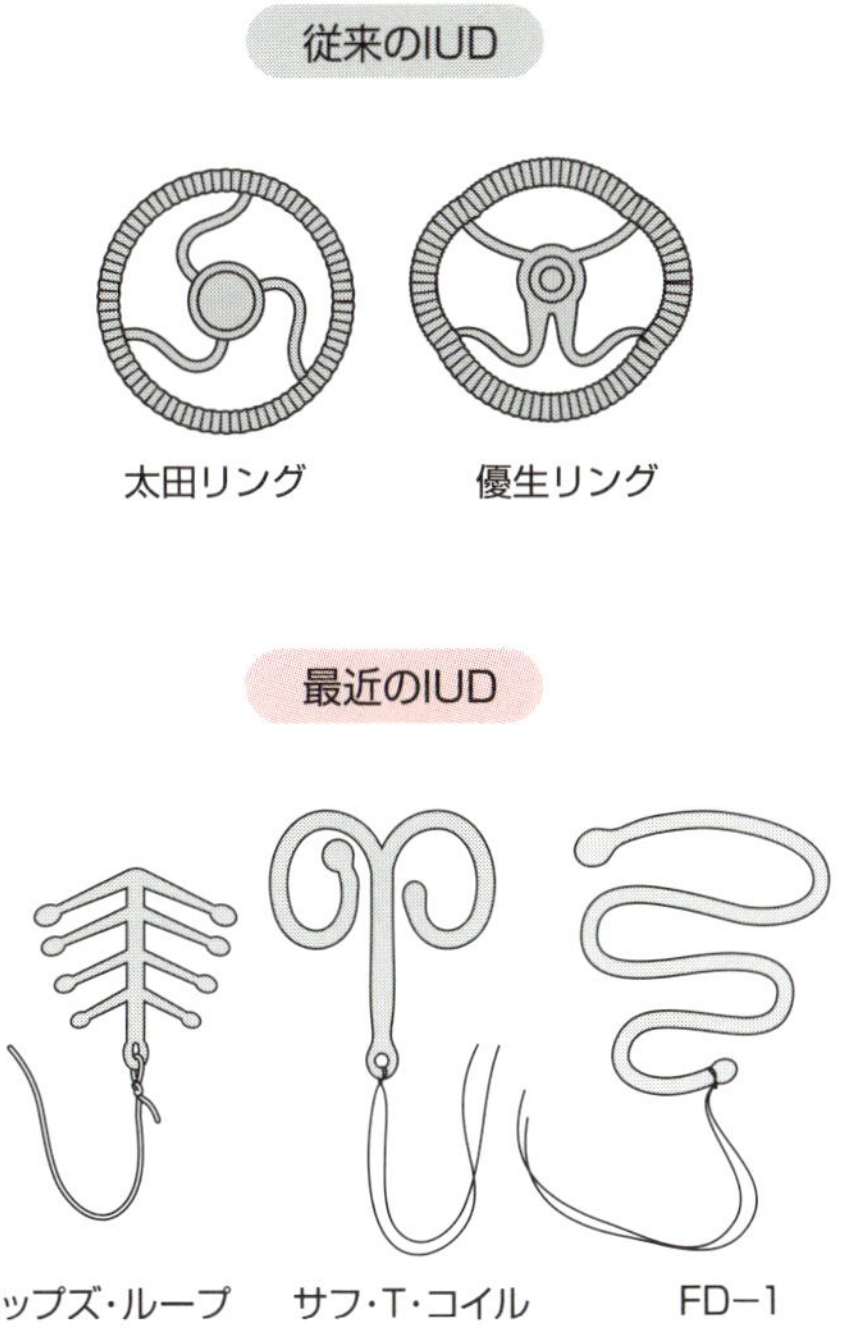

Chapter 6

赤ちゃんを守り育てる子宮環境

妊娠を計画したら、小さな命が元気な産声を上げるまで、
パートナーと協力し合って奇形を起こす恐れのある薬や食品、
たばこやアルコールなどを遠ざけます。
男性は健康な精子づくりのために妊娠の4カ月前から、
女性は胎児のからだの大切な器官がつくり終わる
妊娠23週まで注意が必要です。

section

1-1

身近な薬や食品に注意しよう

遺伝毒物から胎児を守る

ＤＮＡ複製のときが危険

遺伝子の本体は、細胞の核にあるＤＮＡ（デオキシリボ核酸）です。ＤＮＡは2本の鎖がらせん状に絡まった形をしており、遺伝暗号によって結ばれています。生物は、この暗号に従って正常な活動を営んでいますが、遺伝毒物が体内に入ると、遺伝暗号をかく乱することがあります。その結果、からだの構造や生理に異常をきたします。

細胞は分裂にあたって、まず核内で「ＤＮＡの複製」を行います。遺伝毒物はこのＤＮＡ複製の現場に入って遺伝暗号をかく乱します。遺伝暗号が傷つくと、細胞の中にある修理機能が働いて傷を治し、正常に戻しますが、細胞が老化すると修理能力が衰えます。

胎児のからだの器官は妊娠4週から9週につくられる

妊娠中に薬物を使用すると、たとえ母体に害がなくても、胎児に奇形を起こすことがあります。これを催奇形作用といいます。

妊娠4週から9週の終わりまでは、からだの器官がさかんにつくられ、ＤＮＡ複製がさかんに行われる時期ですから、催奇形作用が疑われる薬物に注意が必要です。

妊娠4週ではまだ妊娠に気がつかないこともあるので、奇形を起こす薬物を使う恐れがありますが、タイミング妊娠法であればこうした薬害を避けることができます。

遺伝毒物

生物の遺伝子に突然変異を起こす物質を遺伝毒物といいます。

精子や卵子の優性遺伝子に突然変異が起こると、受精して生まれた胚や胎児に先天異常が生じます。異常胚のほとんどは発育の途中で死んでしまいますが、出産にこぎつけた場合は先天異常のある子が生まれるでしょう。

劣性遺伝子に突然変異が起こると、子どもには現れませんが、突然変異遺伝子を潜在的にもちつづけることになり、子孫へと代々伝わることになります。

DNAの複製

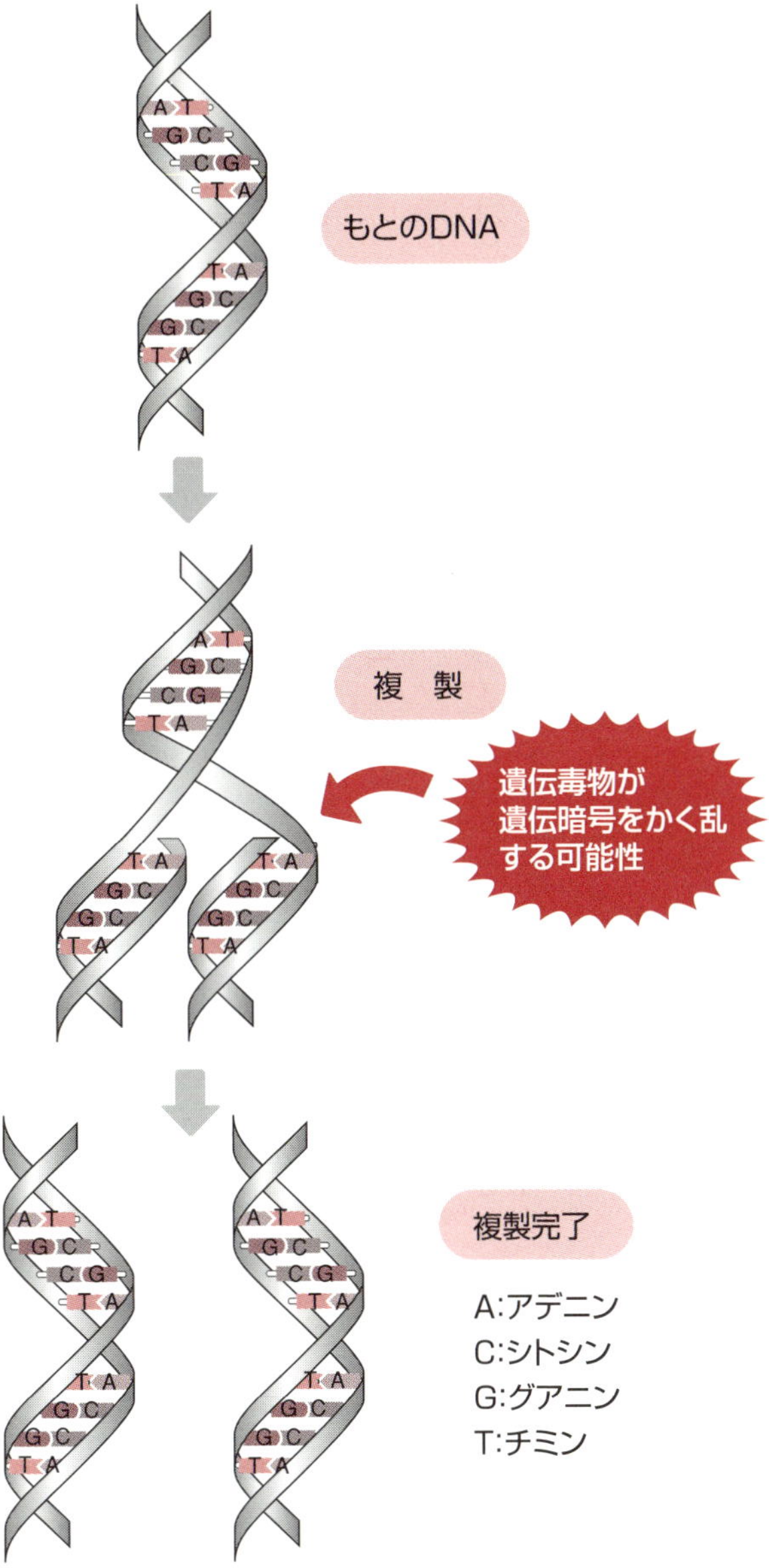

DNAは2本の鎖がらせん状に絡まった形をしている。2本鎖はアデニン(A)、シトシン(C)、グアニン(G)とチミン(T)の4種類の暗号文字を組み合わせた遺伝暗号で結ばれている。

section

1-2 女性は性交から妊娠23週まで要注意

身近な薬や食品に注意しよう

脳がつくられる妊娠23週まで注意が必要

妊娠4週から9週の終わりまでの約一カ月半の間にはすべての器官がさかんにつくられますが、この時期は脳が分化しつくられるときでもあります。9週の終わりには脳も分化を完了しますが、考えたり、記憶したりする大脳機能の発育は妊娠23週(6カ月)までつづきます。ですから、危険期間は妊娠4週から23週までとなり、この間は催奇形作用の疑いがある薬品は避けましょう。

気をつけるのは妊娠初期から。娘の卵子は母親が守る

卵子は胎児の卵巣内で生産されます(20ページ)。卵子の生産過程で遺伝子のDNA複製が行われるのは妊娠8~20週で、胎児の卵巣内で卵細胞がさかんに細胞分裂を繰り返す時期です。ですから、お腹の赤ちゃんが女の子の場合、この時期に母親が遺伝毒物を摂取すると、胎児の卵巣の中にある卵細胞の遺伝子が傷つくことになります。娘の卵子を守ってあげられるのは、母親だけです。

発育中の胎児が催奇形物質の影響を受けやすい時期

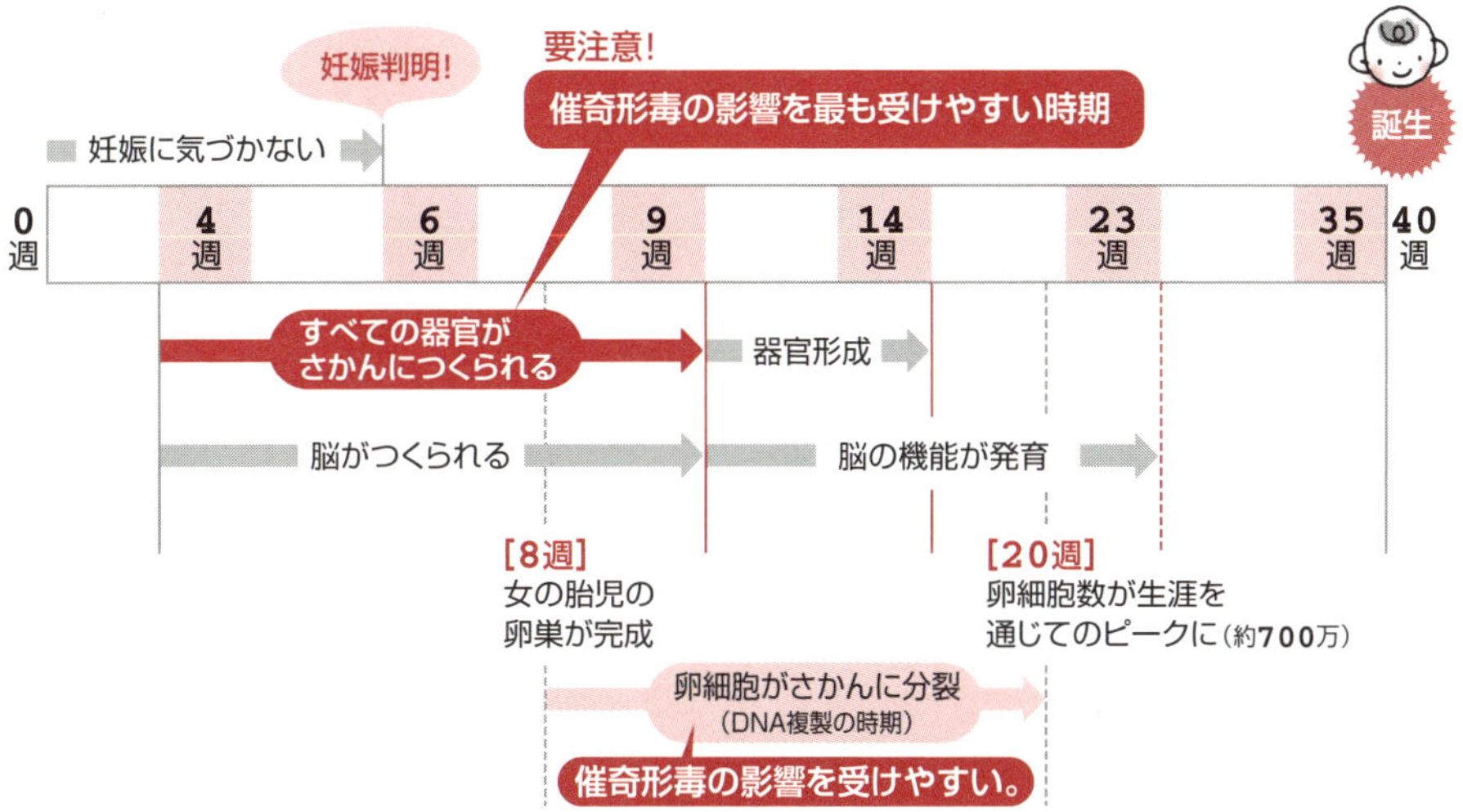
妊娠判明!
要注意!
催奇形毒の影響を最も受けやすい時期
誕生
妊娠に気づかない
0週
4週
6週
9週
14週
23週
35週
40週
すべての器官がさかんにつくられる
器官形成
脳がつくられる
脳の機能が発育
[8週]
女の胎児の卵巣が完成
[20週]
卵細胞数が生涯を通じてのピークに（約700万）
卵細胞がさかんに分裂
（DNA複製の時期）
催奇形毒の影響を受けやすい。

胎児の発育

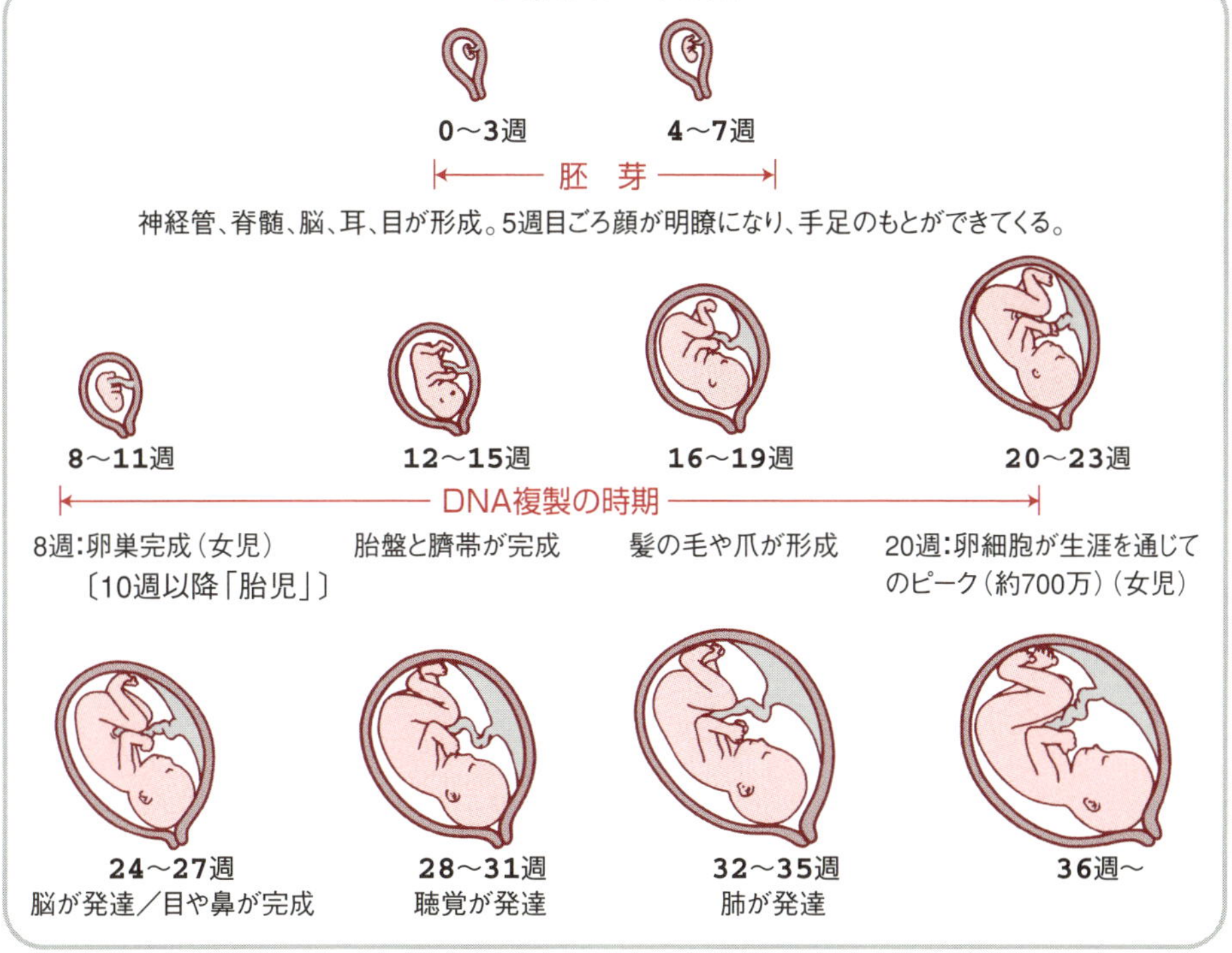
0～3週
4～7週
胚　芽
神経管、脊髄、脳、耳、目が形成。5週目ごろ顔が明瞭になり、手足のもとができてくる。
8～11週
12～15週
16～19週
20～23週
DNA複製の時期
8週：卵巣完成（女児）
〔10週以降「胎児」〕
胎盤と臍帯が完成
髪の毛や爪が形成
20週：卵細胞が生涯を通じてのピーク（約700万）（女児）
24～27週
脳が発達／目や鼻が完成
28～31週
聴覚が発達
32～35週
肺が発達
36週～

section

1-3

身近な薬や食品に注意しよう

男性は性交の4カ月前から要注意

精子の種は尽きることがない

精子がつくられはじめてから射精まではだいたい3カ月くらいを要します。タイミング妊娠のための性交を行う際、男性は、その4カ月前くらいから遺伝毒物の影響を受けないよう注意しなければなりません。

精子が精細管の中でつくられることはすでに述べました（24ページ）。1個の精巣には約300本の精細管があり、それぞれの内面には、無数の精原細胞があります。これが精母細胞、精細胞へと分裂して精子がつくられるのです。

精子の生産は思春期にはじまって老年まで日夜休みなくつづきます。この間、基幹細胞から精子となるまでの精子生産過程が一定のペースで続々と進行します。分裂した2個の基幹細胞の1個は次回の基幹細胞となるので、精子の種は尽きることがありません。

基幹細胞が分裂を開始して8個の精原細胞ができるまで28日、精原細胞が成長して第一精母細胞となり、減数分裂を2回行って精細胞となるまで23日、精細胞が変形してオタマジャクシ型の精子となるまで23日、でき上がった精子が精巣上体尾部まで運ばれるのに10～14日かかります。

傷ついた精子が排出されるまで早くて56日

精子がつくられる過程でDNAが複製されるのは、精原細胞が体細胞分裂を4回行うときです。その後につづく減数分裂ではDNA

の複製は起こらないので、第一精母細胞から精子になるまでの間は遺伝毒物の影響はほとんど受けることはありません。

タイミング妊娠法を計画した場合は、遺伝毒物に対する細心の注意が必要です。

なんらかの傷害を受けた精原細胞が精子になって射精されるまでには、早くて56日（23＋23＋10）、遅いものでは88日（28＋23＋23＋14）かかる計算になります。

ただし、完成した精子は、精巣上体尾部と精管、精管膨大部に蓄積されますので、その分を考え合わせると、男性の場合は、性交の4カ月前から注意して遺伝毒物を避けるようにすることが必要といえるでしょう。

精子の生産

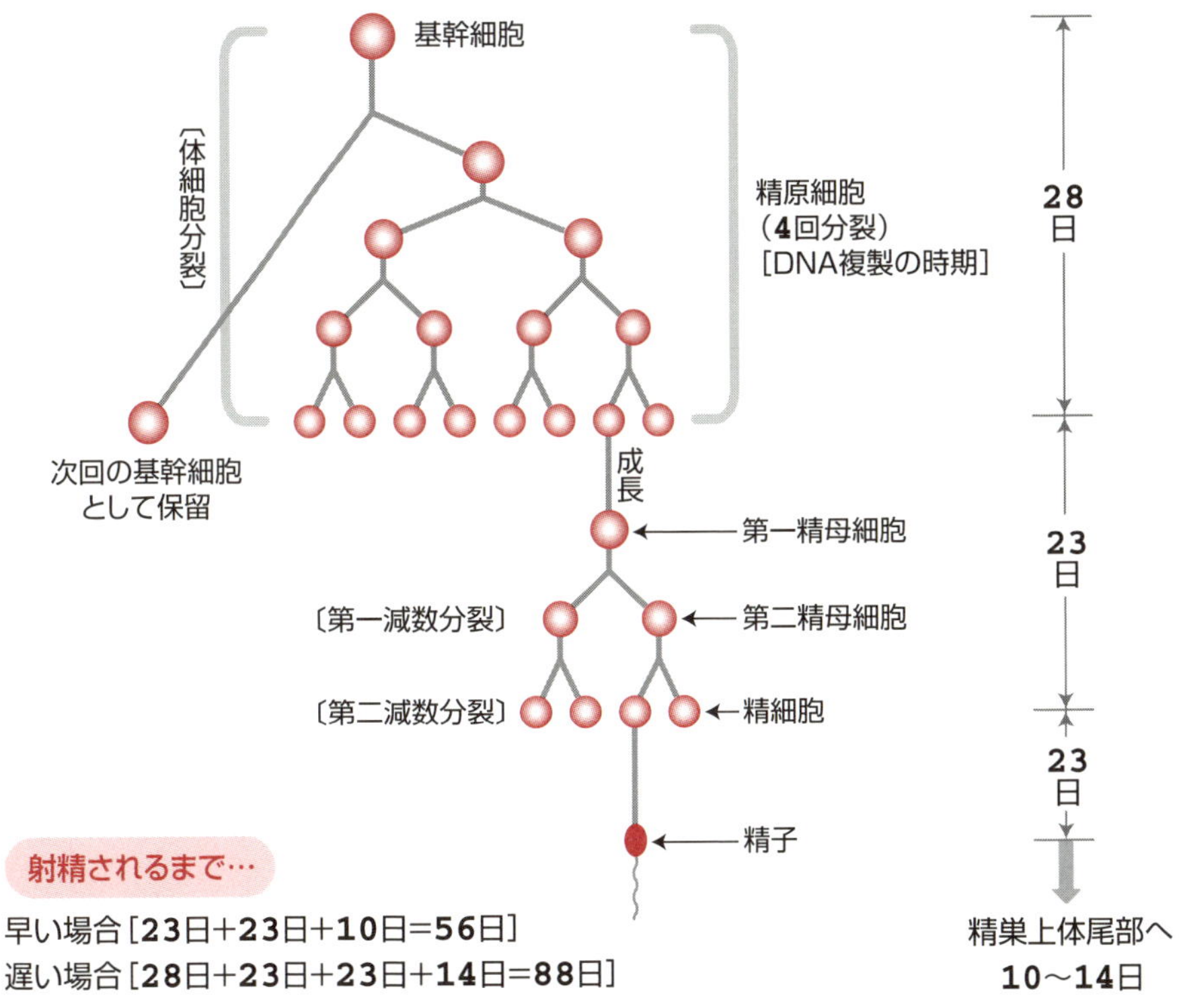

section 1-4

奇形を起こす恐れがある薬品

身近な薬や食品に注意しよう

妊娠23週までは害がない薬品でも使用は慎重に

はじめて薬品の害が取り沙汰されたのは、1960年代のサリドマイドという睡眠薬でした。妊娠初期に服用すると、手足のないアザラシ症の赤ん坊が生まれたのです。その後も薬害事件が相次いだので、薬品の胎児に対する副作用が厳しく検査されるようになりました。こんな怖い薬品でも、妊娠4週から23週までの危険期間（88ページ）を避けて使用すれば害はありません。ただし、胚が発生する最初の1週間は、体細胞分裂がさかんで遺伝毒物の害を受けやすいので、女性は性交日から妊娠23週まで遺伝毒物に注意が必要です。

食品添加物やコーヒー、家庭薬や排ガスなどにも留意

奇形を起こす薬品としては、大量のビタミンA剤、ワルファリン、サルファ剤、フェノチアジン系駆虫剤があげられます。ビタミンA剤は妊娠する3カ月前から妊娠3カ月までに大量摂取すると、口唇裂、水頭症などの先天異常の起きる可能性があることがわかっています。

安全といわれている家庭薬の風邪薬、頭痛薬、胃腸薬も妊娠23週までは避けたほうが賢明です。

食べものにも気をつけましょう。食品防腐剤で発色剤でもある亜硝酸塩は遺伝毒物といわれながら、今なおハム、ソーセージ、ベー

口唇裂

上唇は胎児のとき、左右から突起が出てきて、結合してできますが、なんらかの原因によって結合しないまま生まれてくることがあります。これを口唇裂といいます。生後、早い段階で手術などの治療をします。

水頭症

脳を保護するための髄液が過剰に溜まり、頭が異常に大きくなった病気をいいます。進行すると知的障害などを起こすために、手術が必要です。

コンなどの製造に使われています。着色剤では赤色3号、１０４号、１０５号など。嗜好品では、コーヒーのカフェイン、たばこのタールなど。化粧品の合成香料や合成色素、殺虫剤、排ガスなどにも注意が必要です。

タイミング妊娠を計画したなら、女性は性交の日から妊娠23週まで、たばこ、医薬品、食品添加物など遺伝毒物の疑いがあるもの、そしてエックス線照射を避けるように注意しなくてはなりません。性交の時期のアルコール摂取も胎児への影響が懸念されますので、やめましょう。

妊娠を計画したら…

安易に風邪薬や鎮痛薬を飲まない。
大量のビタミンA剤などは摂取しない。

食品添加物や野菜に残留している農薬に注意。
コーヒーも控えて。

車の排ガスは避けよう。

section

1-5

身近な薬や食品に注意しよう

飲酒するとお腹の赤ちゃんも酔っ払う

毎日の飲酒は、胎児の脳に多大な影響

妊娠中にときおりお酒を飲む程度でしたら胎児に影響はありませんが、少量でも常用している場合は、自然流産率が高くなります。母親がアルコール依存症だったり、さもなければ妊娠4週から9週に飲酒をすると、赤ん坊は胎児性アルコール症候群になる可能性があります。妊娠を考えているなら、飲酒習慣を見直し、アルコール依存症は治しておきましょう。

胎児性アルコール症候群とは、アルコールによって胎児の脳神経がおかされて起こる障害です。小頭症、知的障害、低体重、左右不つり合いの顔つきになるなど、生まれてくる

●胎児性アルコール症候群の恐れ

妊娠**4**～**9**週に、妊娠に気づかず飲酒すると、
胎児の脳神経がおかされ、
小頭症や知的障害などになる恐れがある。

子の脳とからだの発育を妨げます。

アルコール症候群は、器官がつくられる時期の母親の飲酒が原因とされています。人間の妊娠4週に当たる妊娠7日目のハツカネズミにアルコールを注射したところ、発育した胎児には目が欠け、鼻と口のあたりに奇形があり、脳が小さいものが多く見られたという報告もなされています。

妊娠末期の飲酒は発育を妨げる

アルコールは奇形を起こすほか、胎児のヘソ動脈を収縮させます。ヘソ動脈が収縮すると、母体から胎児に送られる血液が少なくなり、発育が遅れます。血液が少ないと酸素が不足しますので、脳の発達も妨げられます。妊娠中を通じてアルコールは発達を妨げますが、胎児が大きく発育する妊娠末期の飲酒は影響が大きいので注意しましょう。

●ヘソ動脈が収縮し、血液不足になる

妊婦が飲酒するとヘソ動脈が収縮して血液の量が減るため、
胎児が酸素不足になる。

section

1-6

身近な薬や食品に注意しよう

妊娠計画を立てたら、夫婦で禁煙を！

たばこは精子の運動率を下げ、卵管の働きを麻痺させる

妊娠プランを立てたら、夫婦そろって禁煙に踏み切りましょう。たばこは、妊娠から出産後まで全期間を通して赤ちゃんに害を与えます。

たばこは女性・男性の生殖活動にも影響があります。動物実験でニコチンが卵管の働きを麻痺して血流を少なくすることが報告されており、頸管と卵管に障害のある女性は、喫煙者に多いことがわかっています。男性では、精子の数を減らし、精子の運動率を低下させ、血管が収縮することで勃起障害を引き起こします。

●赤ちゃんのために禁煙しよう

ニコチンは遺伝子を傷つけ、胎児の発育を遅らせる

たばこの煙には、精子や卵子の遺伝子を傷つける強力な有害物質が含まれています。胎児がお腹で育っている最中にたばこを吸うと、ニコチンが胎盤の毛細血管を収縮させるので、母体から胎児に送られる酸素や栄養が少なくなり発育が遅れます。

妊娠途中で禁煙した女性と喫煙をつづけた女性から生まれた子どもを比べると、喫煙女性の子どもは禁煙女性の子どもより平均300グラム小さく、3歳になったときには平均で身長が1・5センチメートル、体重は860グラム少なく、さらに認知能力が劣ることが明らかになりました。とくに妊娠後期の喫煙と喫煙本数の影響が大きいので、妊娠に気づいたらすぐに禁煙をしましょう。

喫煙本数と早産の関係

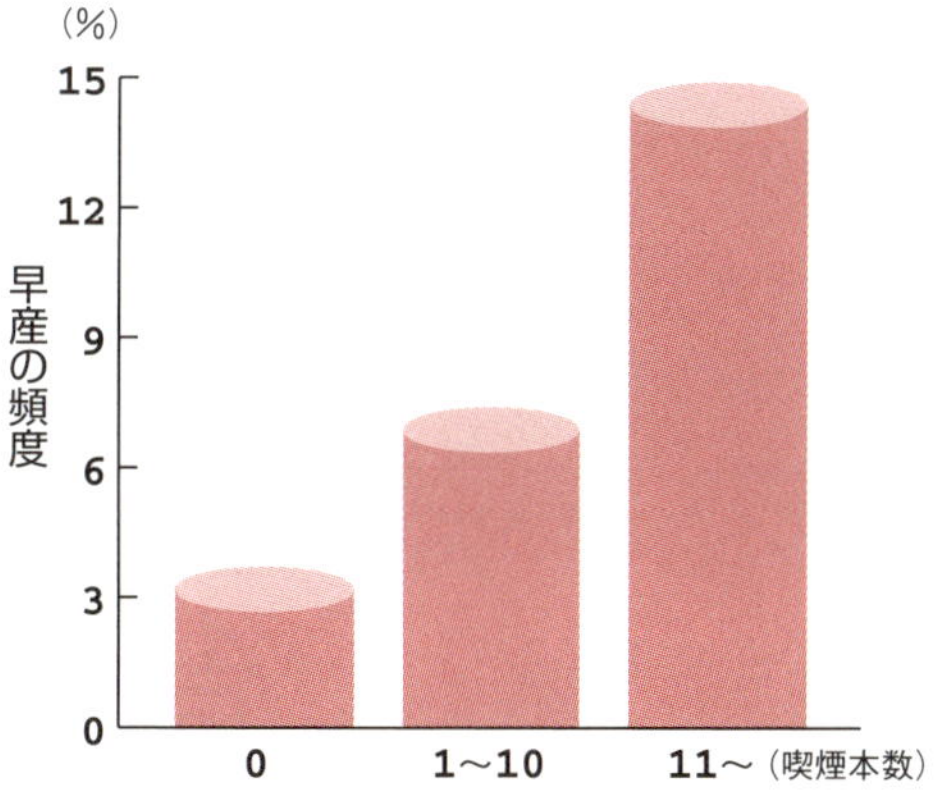

喫煙本数が多いと、早産する確率が高まる。

出典:(財)日本食生活協会発行
「健康づくりのためのたばこ対策行動指針」

妊娠中の喫煙と出生時の体格

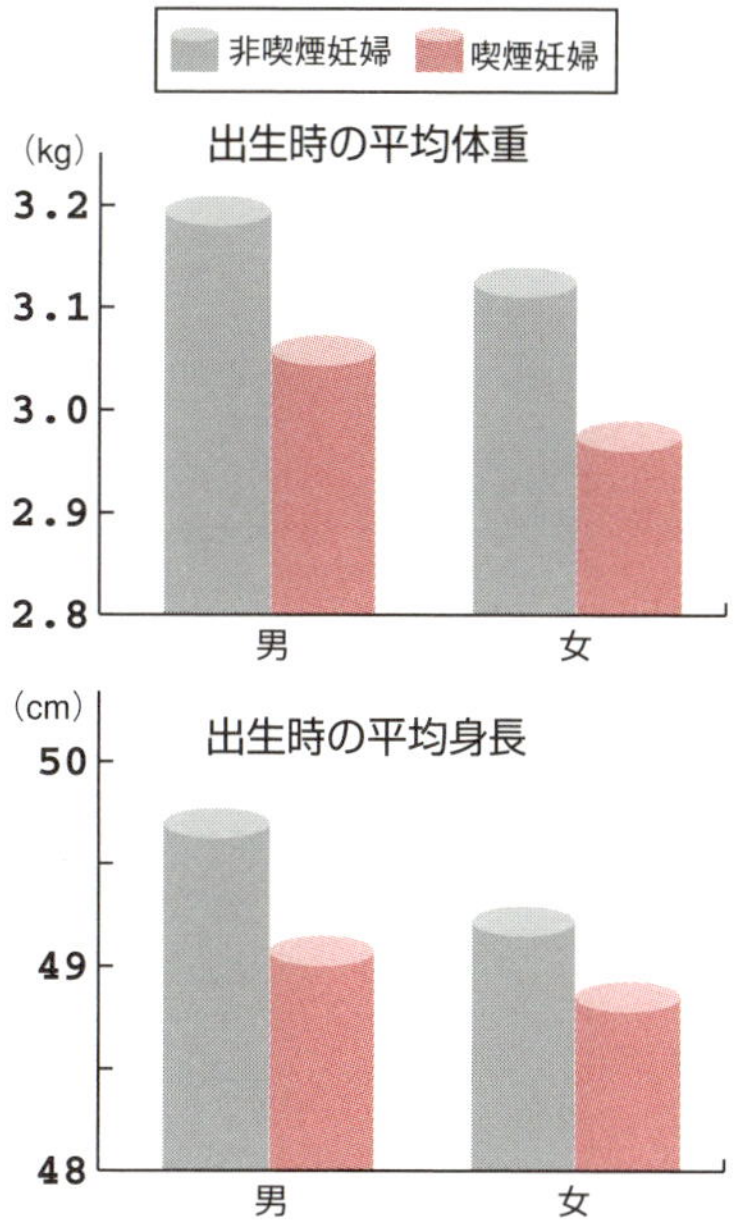

妊娠中にたばこを吸うと、
赤ちゃんの体格が小さくなる。

出典:(財)日本食生活協会発行
「健康づくりのためのたばこ対策行動指針」

section

2-1

危険な妊娠中のホルモン（ピル）使用

妊娠9〜16週に陰茎や子宮ができる

妊娠8週から9週に精巣や卵巣が発達

精巣と卵巣は性腺と呼ばれ、性腺は子どものもととなる精子と卵子をつくるほか、ホルモンを分泌します。受精した胚は、はじめは男女の区別がありませんが、妊娠8週の中ごろから9週の終わりまでに性腺が発達して男女どちらかになります。

胚の性腺原器はそのままでは卵巣に発育しますが、遺伝子の中にY染色体をもつ胚ではY染色体上の精巣決定遺伝子が精巣決定因子を分泌して、性腺原器を精巣にします。卵巣は胎児期を通してホルモンを分泌しません。一方精巣は、つくられはじめると間もなく男性ホルモンを分泌して、男性副生殖器をつくり、攻撃性、統率力、勇気、筋力など男性性のすべてをつくっていきます。

妊娠9週から16週の間に陰茎や子宮がつくられる

性腺が発達した後、9週から16週までに男女それぞれに陰茎や膣、子宮などの副生殖器官がつくられます。これを一次性徴といいます。副生殖器官の原基には、男性のウォルフ管と女性のミューラー管があり、男女どちらの胎児も両方の原基をもちあわせています。

女児はウォルフ管が退化し、ミューラー管から卵管と子宮、膣の上半分がつくられます。男児は精巣がミューラー管を退化させ、男性ホルモンの働きによってウォルフ管が精巣輸出管、精巣上体管、精管、精嚢に分かれて発

達していきます。

このほかにも尿生殖洞と生殖結節という原器から、女児は腟の下半分・バルトリン腺・陰核・小陰唇・大陰唇が、男児は男性ホルモンの作用で前立腺・尿道球腺・陰茎・陰嚢ができます。

●副生殖器官の分化

男女どちらの胎児も、男性のウォルフ管と女性のミューラー管の両方をもち合わせている。

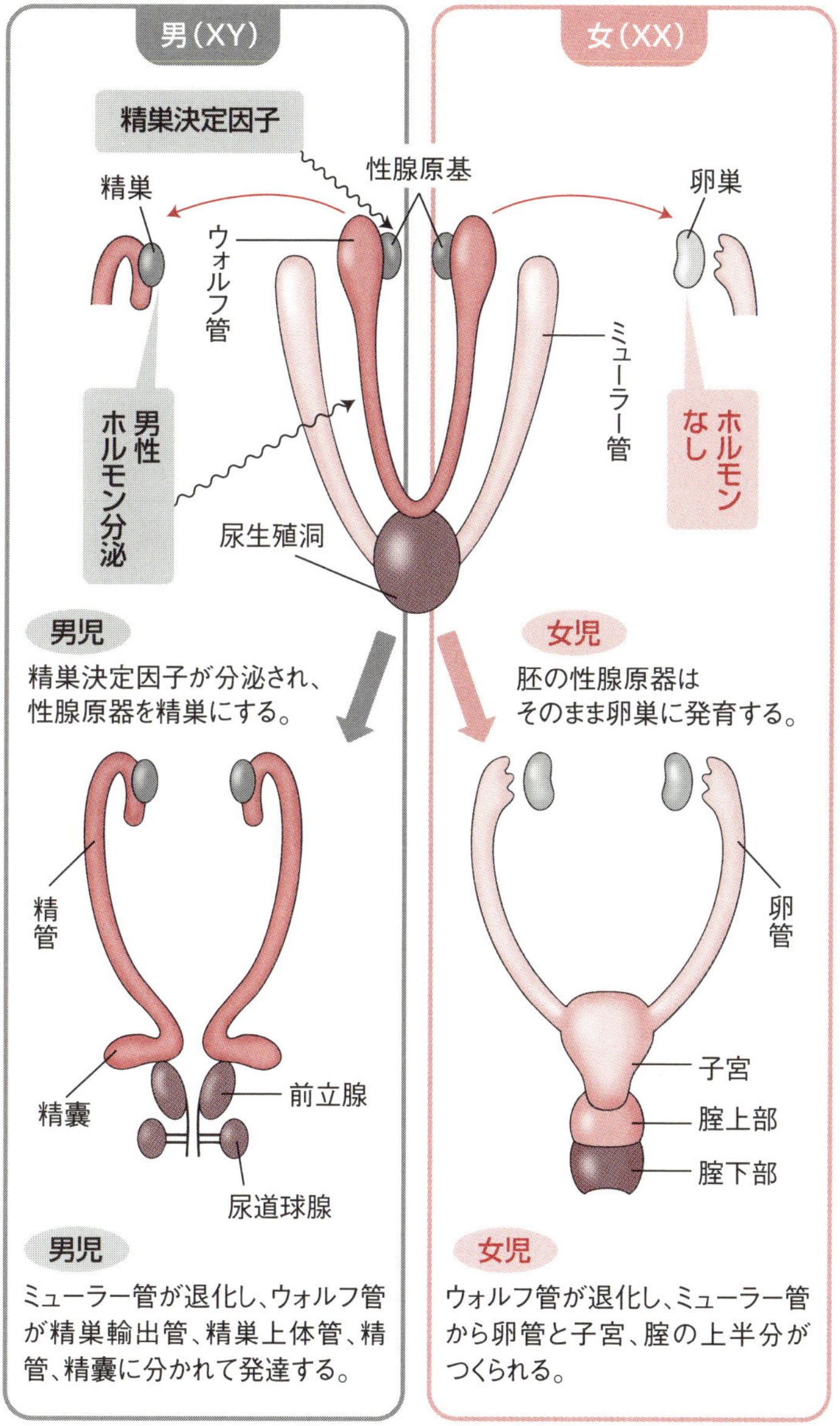

section

2-2 妊娠中の使用で半陰陽の子

危険な妊娠中のホルモン（ピル）使用

ピルに含まれる物質は男性ホルモンの分泌を狂わせる

妊娠9～16週までピルを服用すると、ピルに含まれる合成黄体ホルモンと合成卵胞ホルモンが、男性ホルモンの分泌を促したり抑えたりして、女の子の生殖器を男性化したり男の子の生殖器を女性化したりします。

１９５０年代に欧米で黄体ホルモンが習慣性流産の予防に効くとされてさかんに使われましたが、この治療を受けた女性から生まれた女の赤ちゃんの18・5％は生殖器が男性化していました。陰核（クリトリス）が陰茎のように大きく伸び、陰唇がくっついて膣の割れ目が狭くなっていたのです。卵胞ホルモンも同じような作用があることがわかっていま

●ピルなどによって、女児の生殖器が男性化

ピルなどに含まれる黄体ホルモンなどの作用で、
女児の生殖器が男性化したり、男児の生殖器が女性化したりする。

す。黄体ホルモンや卵胞ホルモンが女児を男性化するのは、これらのホルモンが母親の副腎に働きかけて副腎から男性ホルモンの分泌が増加するためだと説明されています。

男の子の場合も、黄体ホルモンによって陰茎の下側に膣のような割れ目ができて、生殖器が女性型になることがあります。胎児の精巣から分泌される男性ホルモンの働きを黄体ホルモンが弱めるためだと考えられています。

妊娠時はピルやホルモン治療を避ける

女性がとくに気をつけなければならないのは、妊娠していることに気づかないでピルの服用をつづけることです。とくに、ピルとたばこの両方を服用すると、なんらかの異常のある子が出生する確率が、どちらも服用しない女性の13倍も高くなります。こうした危険を避けるために、ピルの服用は妊娠していないことが確実な月経開始から5日以内に始めます。ピルだけでなく、妊娠時のホルモン治療には注意しましょう。

●黄体ホルモン服用によって胎児の生殖器が転換

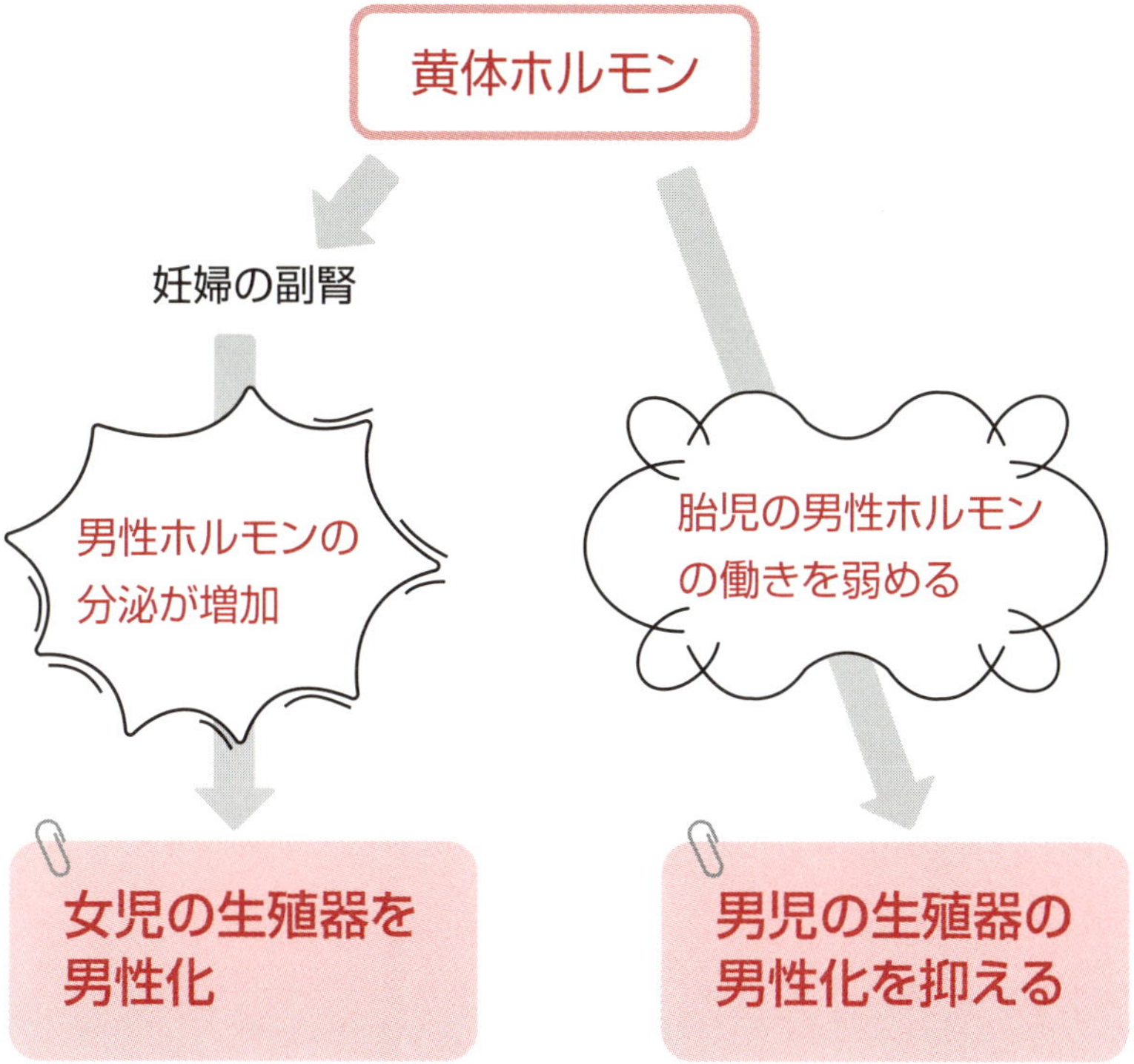

section

2-3

危険な妊娠中のホルモン（ピル）使用

性行動や性格が、女性型から男性型へ

脳の性差がつくられる時期は、妊娠9週から23週

ホルモンの影響は生殖器だけでなく、性格や月経・性交などの性行動をつかさどる脳の中枢にも及びます。胎児の中枢原器はすべて女性型ですが、男児の場合妊娠９週から23週までの男性ホルモンの作用によって、中枢原器は男性型の脳へと変わっていきます。

ホルモンがどのように中枢と性行動に関係するかをネズミの実験で見てみましょう。ネズミの妊娠期間は22日で、中枢がオス型とメス型に分化する時期は妊娠18日ごろから出生5日ごろまでです。生まれて３日以内にオスネズミの精巣を切り取って男性ホルモンが出ないようにすると、成長後このオスはメスと

ネズミの実験から、人間の妊婦が男性ホルモン注射を受けると、こんな可能性が…

- 生まれた女の子の脳が男性型に
- 無月経
- ニンフォマニア（女性の異常な性欲亢進）

妊娠9～23週までは、男性ホルモン注射やピルは避けること！

同じようにＬＨサージが周期的に起こり、発情します。またメスネズミに男性ホルモンを注射すると、成長しても排卵が起こらず、オスのように常に発情してメスを追いかけます。

ピルや男性ホルモンの注射が女児の脳を男性型に

人間の女性は発情期こそありませんが、ネズミと同じようなからだのしくみをもっています。女児を妊娠している母親がもし妊娠9週から23週の間に男性ホルモンの注射を受けると、ネズミの実験結果のようにお腹の女児の脳は男性型になり、成人したとき無月経であったり、ニンフォマニア（女性の異常な性欲亢進）になったりしないとも限りません。

また、性格にも影響があります。１００ページで述べた黄体ホルモンを妊娠中に服用した妊婦が産んだ女の子は、おてんばで人形遊びより戦争ごっこを好むなど、男の子のようにふるまいました。ピルに含まれる合成黄体ホルモンと合成卵胞ホルモンが母親の副腎を刺激して、男性ホルモンを分泌するといわれていますので、注意が必要です。

男性ホルモンによるネズミの性行動の転換

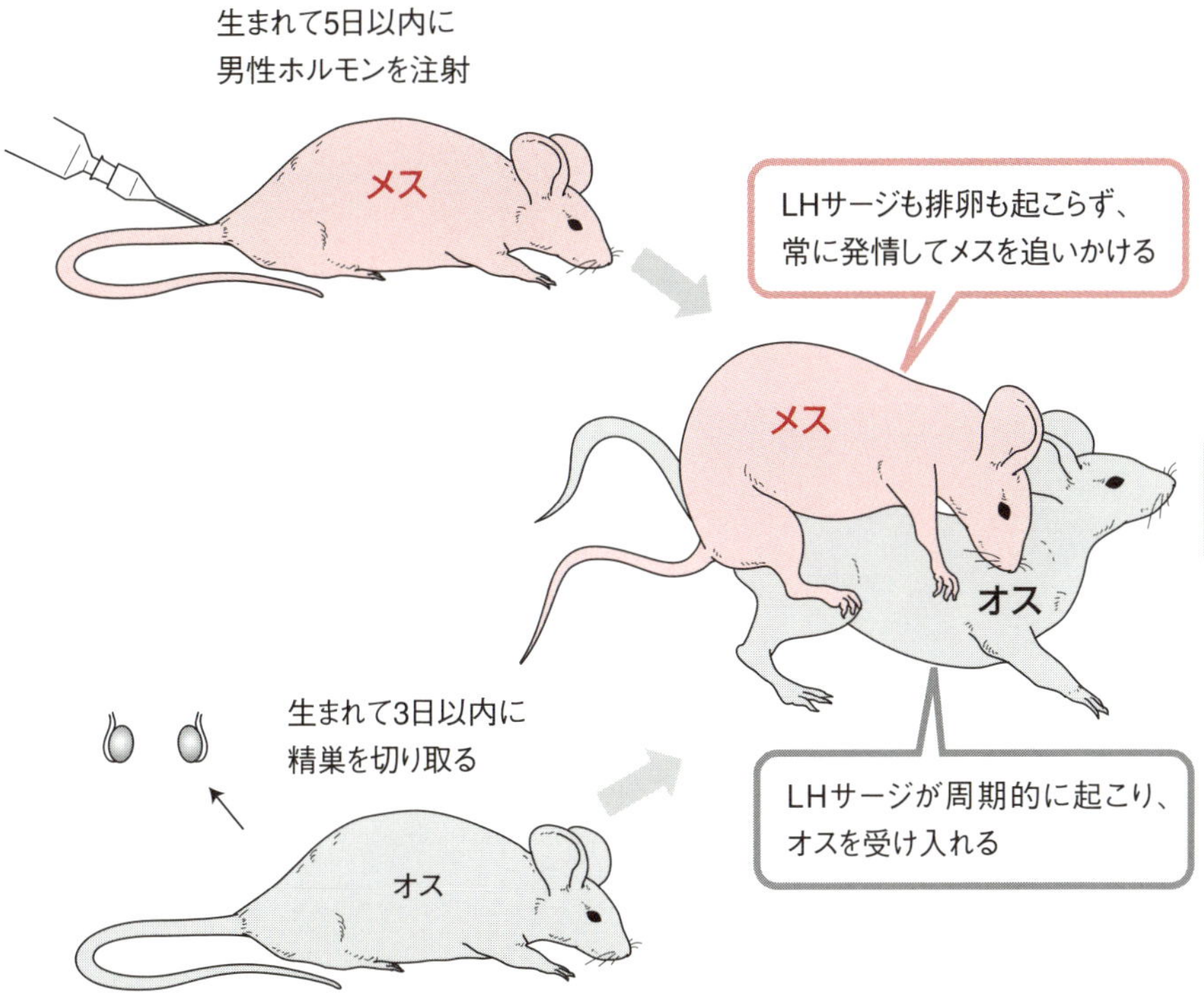

section

3-1

流産や奇形につながる感染症

妊娠を計画したら、予防接種を受けよう

妊婦が感染すると、胎盤を通して胎児に二次感染

ウイルス感染は、母親にとっては軽い症状でも、免疫がない胎児には致命的になることがあります。なかでも風疹（三日はしか）、麻疹（はしか）、インフルエンザウイルス、サイトメガロウイルス、パルボウイルスは母親にはほとんど症状が現れませんが、障害のある子が生まれたり、流産する可能性があるので、注意が必要です。ウイルス感染症の予防には、生ワクチンの接種をしますので、妊娠の可能性があるときは、医師に必ず相談してください。

妊娠16週までの風疹・麻疹は流産や心臓の奇形を招く

母親が妊娠する前に風疹、麻疹にかかっていれば、心配はありません。かかっていなければ妊娠計画の2カ月以上前に、予防接種を受けましょう。

風疹、麻疹は主に子どものころに感染します。風疹は麻疹より軽く、発熱はほとんどなく、発疹は1、2日で消えます。しかし、どちらも感染経験のない妊婦が妊娠16週までに感染すると、流産するか、心臓奇形や白内障、難聴などのある子が生まれることがあります。

インフルエンザウイルス——胎児が死亡するほど強力

妊娠初期にインフルエンザウイルスに感染すると、流産や胎児の死亡につながります。強力なウイルスですから、感染すると流産するか、受精卵が死んでオカルト妊娠で終わるようです。そんなわけで、奇形のある子の出産は確認されていません。動物実験では妊娠初期の感染が流産や奇形児出産につながることがわかっています。

サイトメガロウイルス——知的障害などにつながる

サイトメガロウイルス（巨細胞封入体症ウイルス）は、ごくありふれたウイルスでほとんどの人が感染して抗体をもっていますが、約5％の女性が感染しておらず、免疫抗体をもっていません。免疫がない女性が妊娠中にはじめて感染すると、胎児が黄疸や肝炎を起こして、小頭症や知的障害、運動障害のある子として生まれてきます。

パルボウイルス——水腫で胎児の1割が死亡

幼児の頬が赤くなるりんご病（伝染性紅斑）を起こすヒトパルボウイルスは、妊婦が妊娠8～20週の間にはじめて感染すると胎児に感染して、そのうちの5～10％が水腫にかかって死亡します。奇形のある子は生まれません。

必ず予防接種を受けよう

風疹、麻疹の予防接種は妊娠計画の2カ月以上前に受けておく。

section

3-2

流産や奇形につながる感染症
ペットから感染するトキソプラズマ原虫

ネコ、イヌなどペットや生肉の調理時に感染

　トキソプラズマも、風疹同様できれば妊娠前に感染の有無を調べたい感染症です。

　トキソプラズマは原虫で、ペットや家畜から伝染します。ネコ、イヌ、小鳥のペットのフンや、生肉とくに豚肉からかかることもあります。大人はトキソプラズマ原虫に感染しても症状が出ませんが、妊婦がはじめて感染すると胎盤を通して胎児にうつることがあり、流産や死産につながります。妊婦が未感染の場合は、ペットとの接触に注意し、肉料理の後は、まな板などの調理器具には熱湯をかけたうえ、手もよく洗いましょう。

　胎児が感染した場合、出生時に症状が現れる劇症型であれば水頭症となって大部分が生後まもなく死亡します。感染した赤ちゃんの多くは潜伏型で、青年期に網膜異常などの視力障害が出てきます。

●ペットや生肉から感染

妊婦を通して胎児が感染すると、流産や死産につながる。

ペットとの接触に注意

肉料理の後は、調理器具を消毒

Column

子宮環境が胎児の発育に影響する

35歳を過ぎて妊娠すると染色体に異常のある子の出産が増え（28〜36ページ）、脊椎裂、水頭症、口蓋裂、先天性心臓欠陥などの先天異常のある子の出生も増加します。こうした異常は卵子の老化によって起こりますが、高齢による母体の変調も原因となります。胎児の発育には親から譲り受けた遺伝素質のほかに、母親の子宮内環境が影響するのです。

シェトランド・ポニー種という身長が96センチメートルほどしかない小型馬がいます。このポニーのメスに、身長175センチメートルで体重が1000キログラムという大型輓馬のシャイアー種の精液を人工授精して、子馬を産ませます。これとは逆に、シャイアーのメスにポニーの精液を人工授精して産ませます。どちらの子馬もポニーとシャイアーの遺伝子が半分ずつ混じった雑種ですから、遺伝子構成は同じようなものです。にもかかわらず、小さいポニー種の母から生まれた子は、大きいシャイアー種の母から生まれた子よりも小さいのです。つまり遺伝子が同じでも、母体の子宮環境によって子どもは大きく発育したり、小さめに発育したりするのです。

高齢になると子宮の細胞自身が老化し、ホルモンに対する子宮の反応が鈍くなります。このような子宮は受精卵の着床に十分反応しないので、着床しにくいのです。着床できても、子宮の分泌活動が衰えているので、胎児の発育が遅れます。さらに胎盤への血流が低下するので、胎児に送られる酸素の量が少なくなります。その結果、流産したり、知的障害や奇形のある子が生まれる可能性が高まります。

ただし、あまり神経質にならないようにしてください。妊娠を計画したらタイミング妊娠法によってできるだけ早く妊娠をかなえましょう。そして、6章で述べたように遺伝毒物を避けるなど胎内の環境を整え、リスクをできるだけ軽減するよう努めましょう。

まとめ

丈夫でよい子を産むための20カ条

妊娠を計画したら

1 夫婦で禁煙しましょう……96ページ

2 女性は予防接種を受けましょう……104ページ

3 男性はタイミング性交日の4カ月前から遺伝毒物に注意しましょう……90ページ

4 男性はブリーフ型のパンツはやめ、長風呂を避けましょう……26ページ

5 女性は妊娠予定の3カ月前から大量のビタミンA剤の摂取を避けましょう……92ページ

6 予定排卵日を決めましょう……58〜67ページ

タイミングよく妊娠するために

7 月経後からタイミング性交日まで、女性体内での老化精子の貯蔵を防ぎましょう……46ページ

8 男性はタイミング性交日前4日間は禁欲しましょう …… 68ページ

9 予定排卵日の前日と当日に性交しましょう …… 70ページ

10 タイミング妊娠のための性交のときは、女性は飲酒を控えましょう …… 35ページ

11 前戯やムードづくりをし、性的刺激を高めましょう …… 74ページ

12 オルガスムを高め、排卵を早めましょう …… 72ページ

13 女性は性交のとき、男性を侮辱する言動は慎みましょう …… 76ページ

14 妊娠を考えないときは必ず避妊しましょう …… 77～83ページ

妊娠の可能性がある場合／妊娠中

15 タイミング性交日から妊娠期間中は飲酒を控えましょう …… 94ページ

16 奇形を起こす可能性のある薬品をはじめ、風邪薬などの家庭薬も避けましょう …… 92ページ

17 食品添加物やコーヒーの摂取に注意しましょう …… 92ページ

18 排ガス、エックス線照射を避けましょう …… 92ページ

19 妊娠9～23週まではピルやホルモン治療を避けましょう …… 98～103ページ

20 ネコやイヌなどのペットとの接触に注意しましょう …… 106ページ

2

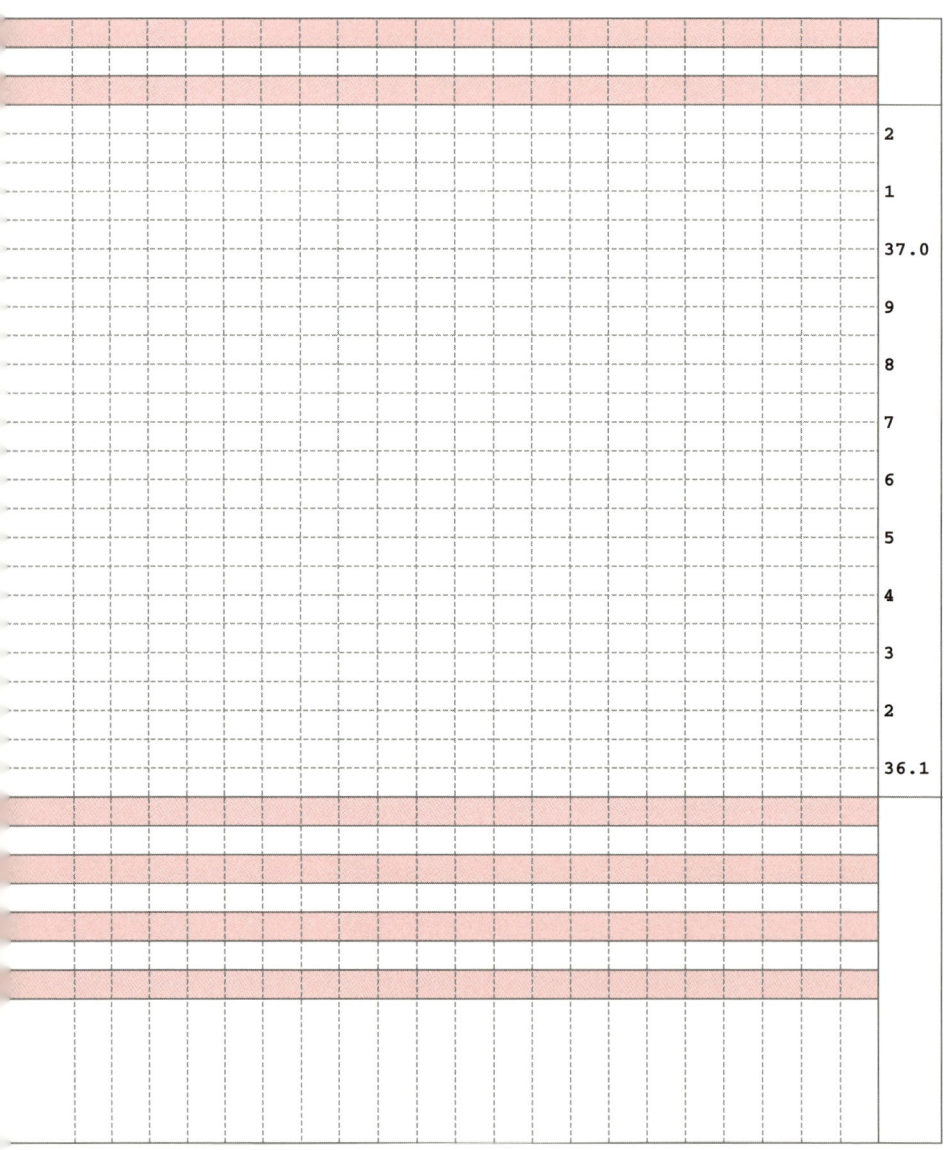

1

37.0

9

8

7

6

5

4

3

2

36.1

◎＝最も確率の高い予定排卵日

○＝2番目に確率が高い予定排卵日

自己記入欄——月経周期の記録

67ページの記入例を参考に、自分の記録をつけよう。

年	月	
	日	
	週	
基礎体温	2	
	1	
	37.0	
	9	
	8	
	7	
	6	
	5	
	4	
	3	
	2	
	36.1	
粘液	3 期	
	2 期	
	1 期	
月　経		
周期日数		
予定排卵日		
性　交　日		
備　考（中間痛やその日の体調などを記入）		

予定排卵日は次の3つの方法を併用して求める

●オギノ式：月経周期の日数から14日を差し引いた日　●基礎体温法：低温期の最終日

●頸管粘液法：ピーク・デイまたはその翌日

著者略歴

市川　茂孝（いちかわ　しげたか）

大正10年広島県呉市に生まれる。昭和25年東京大学農学部卒業。大阪府立大学に勤務。昭和59年定年退官。大阪府立大学名誉教授。生殖生理学専門。日本不妊学会功労評議員。

著書『新版タイミング妊娠法』（農山漁村文化協会）
　　『背徳の生命操作』（同）
　　『母権と父権の文化史』（同）
　　『日本人は性をどう考えてきたか』（同）

図解 タイミング妊娠法
丈夫でよい子を産む

健康双書

2005年 3月15日　第1刷発行
2013年11月30日　第18刷発行

著者　市　川　茂　孝

発 行 所　一般社団法人　農 山 漁 村 文 化 協 会
郵便番号　107-8668　東京都港区赤坂7丁目6−1
電話　03(3585)1141(営業)　03(3585)1145(編集)
FAX　03(3589)1387　振替　00120-3-144478
URL http://www.ruralnet.or.jp/

編集／㈲office bands　印刷・製本／凸版印刷（株）
ISBN978-4-540-04234-8
〈検印廃止〉